Knaur
MensSana

Über den Autor:

Seit über 40 Jahren hat Helmut Gerhart sich mit umfassenden Studien in Chirologie, Astrologie, Graphologie, Physiognomie, dem Tarot, der Kartomantie und der Pentalogie beschäftigt. Er ist durch verschiedene Buchveröffentlichungen an die Öffentlichkeit getreten und stellt als Berater sowie auf Lehrgängen sein Wissen zur Verfügung.

Helmut Gerhart

Das 1 × 1 der Handlesekunst

Knaur
MensSana

Besuchen Sie uns im Internet: www.droemer-knaur.de
Alle Titel aus dem Bereich MensSana finden Sie im Internet unter
www.knaur-mens-sana.de

Neuausgabe Januar 2007
Knaur Taschenbuch. Ein Unternehmen
der Droemerschen Verlagsanstalt
Th. Knaur Nachf. GmbH & Co. KG, München.

Umschlaggestaltung: ZERO Werbeagentur, München
Umschlagabbildung: Corbis
Druck und Bindung: GGP Media GmbH, Pößneck
Printed in Germany
ISBN 978-3-426-87316-8

2 4 5 3 1

Inhalt

Vorwort

Helmut Gerhart, den Autor des Buches *Das 1 × 1 der Handlesekunst,* habe ich im März 1996 anläßlich einer Veranstaltung bei der Buchhandlung Pieper in Saarlouis kennen gelernt. Dies war keiner der berühmten Zufälle, sondern Ergebnis von Überlegungen im Droemer Knaur Verlag, neue Veranstaltungskonzepte zu testen. Wir wollten dem Kunden ein persönliches Erlebnis bieten, das über den Charakter einer Lesung hinausgeht. Dabei erschien uns das Handlesen als geeignetes Thema. Sehr schnell stießen wir auf Helmut Gerhart, der aus meiner Sicht das didaktisch beste Lehrbuch zur Handlesekunst geschrieben hat.

Die Veranstaltung in Saarlouis war ein riesiger Erfolg. Die Schlange der Kundinnen und Kunden, die sich von Herrn Gerhart aus der Hand lesen lassen wollten, nahm nicht ab. Nach drei Stunden mußten wir zur Enttäuschung der Wartenden abbrechen, versprachen aber, wieder zu kommen. Wir wußten damals nicht, daß damit eine Serie von Veranstaltungen begann, die in der Geschichte des Droemer Knaur Verlages einzigartig ist.

Herr Gerhart konnte sich bald vor Anfragen nicht mehr retten und mußte nicht selten zweimal erscheinen, um die übergroße Nachfrage zu befriedigen. Stand heute und ich glaube auch Stand morgen und übermorgen ist Helmut Gerhart der Autor in unserem Verlag, der die meisten Veranstaltungen durchgeführt hat und die »ewige Bestenliste« mit Abstand anführt.

Zuerst stand ich dabei dem Handlesen mit einer Mischung aus Skepsis und Neugier gegenüber. Natürlich bat ich Herrn Gerhart, mir aus der Hand zu lesen, und die Skepsis wich sehr schnell. Ein

Fremder konnte nicht innerhalb so kurzer Zeit so viele richtige Dinge über mich sagen, wenn nicht die Handlesekunst mehr Substanz hatte und hat, als ich bisher vermutete.
So wandelte ich mich vom Saulus zum Paulus und nahm jede Gelegenheit wahr, von Herrn Gerhart zu lernen. Manche Gelegenheiten waren ungeeignet, wie zum Beispiel eine Autofahrt, bei der ich, mit meinen Händen gestikulierend, beinahe einen Unfall verursacht hätte. Die Schutzlinie von Herrn Gerhart hat uns wohl vor Schlimmerem bewahrt. Danach mußte ich versprechen, daß ich im Wagen die Hände nur für die Steuerung und das Schalten benutze. Viele der Voraussagen von Herrn Gerhart – vor allem über meine berufliche Entwicklung – sind mittlerweile eingetroffen.
Als Autor ist er für den Verlag ein Glücksgriff, da er verbindlich ist, ohne dabei den Menschen nach dem Mund zu reden. Außerdem besitzt er die Gabe natürlicher Autorität und ist ein Experte, der über ein immenses und in Jahrzehnten gewachsenes Wissen in den Gebieten Astrologie, Chirologie, Graphologie, Physiognomie, dem Tarot und der Kartomantie verfügt. Gerade dies hat ihn dazu befähigt, die Handlesekunst in einem größeren Rahmen zu sehen, zu neuen Erkenntnissen zu gelangen und falsche zu vermeiden.
Sein Buch ist mittlerweile ein echter Klassiker, der sich durch die gute Nachvollziehbarkeit und Verständlichkeit auszeichnet, die es sowohl dem Neuling als Einsteigerbuch als auch dem Geübten als Nachschlagewerk bietet.
Mit Herrn Gerhart und seiner Frau verbindet mich eine in den Jahren gewachsene Freundschaft und Respekt. Besonders freut es mich, daß wir mit der Neuausgabe des Buches die Nachfrage vieler Kundinnen und Kunden wieder erfüllen können. Ihnen, liebe Leserinnen und Leser, wünsche ich viel Freude und Erfolg bei der Lektüre des *1 × 1 der Handlesekunst!*

Georg Regis,
Vertrieb Droemer Knaur

Kapitel 1

Allgemeine Handentsprechungen

Linienreichtum – Linienarmut

Eine Hand mit vielen Linien zeigt viel Schicksal. Viel Schicksal deshalb, weil eine linienreiche Hand mit großer seelischer Beeindruckbarkeit einhergeht. Menschen mit dieser Linienformation erleben die Höhen, aber auch die Tiefen in diesem Leben. Eine ausgeprägte Höhlung im Innenhandbereich bei gestreckter Hand und großem Linienreichtum verstärkt die Schicksalsentsprechungen. Diese Handeigner erleben viele Prüfungen in ihrem Dasein. Anstrengungen und Kämpfe sind angesagt. Leidentsprechungen und Entsagungen müssen ertragen und ausgelebt werden. Eine Rückbesinnung auf das große Seelenpotential kann hier in vieler Hinsicht die ungünstigen Schicksalseinwirkungen mildern, manchmal egalisieren.

Die linienärmere Hand geht konform mit einem robusten »Seelenkorsett«. Diese Handeigner nehmen die von außen an sie herangetragenen Schicksalseinflüsse nur in geringerem Maße auf. Ihr Leben gestaltet sich gradliniger und geordneter. Sie erleben selten die Tiefen, aber auch selten die höchsten Höhen im seelischen Empfinden.

Je linienärmer die Hand, die oft nur drei Hauptlinien, also Lebenslinie, Kopf- und Herzlinie, aufweist, desto weniger Schicksal beeinflußt diese Handeigner. Die Daseinsentsprechung kann in Bereiche der niedrigentwickelten Lebensart hinabsinken. Menschen mit linienärmeren Händen haben

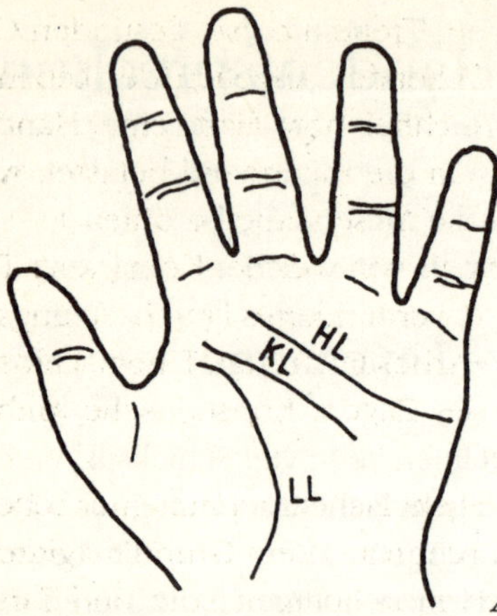

Abb. 1: Die Hauptlinien

meist keine ausgesprochene Höhlung der Innenhand. Je erhabener die Innenfläche ist, um so weniger werden diese Handeigner von Schicksalseinwirkungen heimgesucht.

Farbe und Konsistenz der Hand

Eine robuste, starke Hand, oft mit *rötlicher* Färbung, gibt körperliche Stärke, Selbstbehauptungswillen und motorischen, unmittelbaren Krafteinsatz. Diese Handeigner reagieren im Negativbereich mit Schroffheit, Rücksichtslosigkeit und triebhaftem Durchsetzungsverhalten.
Die feingliedrige, elegante Hand, meist mit heller, ins *Rosa* gehender Farbtönung vermittelt intellektuelle Bestrebungen, Feingeistigkeit, höfliche Anpassungsbereitschaft, idealistische Verhaltensweisen und Kunstempfinden. Bei stärkerer Rosafärbung ist die Hand meist klein, kompakt. Dieser Personenkreis ist stark hoffnungsvoll, gefühlsintensiv, liebt die Schönheiten und Annehmlichkeiten des Lebens.

Hellbraune Farbgebung bei *elastischer* Hand gibt freudige Tatkraft, Selbstvertrauen, Treueimpulse, gesunden Optimismus und erfolgversprechendes Angehen der Lebensaufgaben. (Die Elastizität, Weichheit bzw. Härte einer Hand erfühlt man, indem der Daumen die Innenhand betastet, während gleichzeitig die Finger die Außenhand befühlen.)

Die *weiße* Hand ist oftmals von weicher Konsistenz. Dies besagt zartere Gesundheit, vermindertes Durchsetzungsvermögen, herabgeminderte Arbeitsintensität, Unentschlossenheit und zögerndes, mutloses Zagen. Künstlerische Ambitionen sind sehr oft angezeigt.

Gelbfärbung der Hand geht fast immer mit einer Leber- bzw. Gallenstörung einher. Schon aus dem Grund reagieren diese Menschen gereizt, geraten in heftigen Zorn und Zanksucht. Im Gegenteiligen sind Schwermütigkeit und depressive Anwandlungen nicht ausgeschlossen. Oft zeigen sich Neidtendenzen.

Fleischfarbige Handtönung bei *fester* Muskulatur veranschaulicht Großmut, Gutherzigkeit, Offenheit, gute Intelligenz, Beweglichkeit, Verläßlichkeit und Hilfsbereitschaft.

Harte Konsistenz der Hand gibt Ausdauer und Streben nach Erfolg. Diese Handeigner sind harte Arbeiter, oft sparsam, gradlinig und offen in ihrem Wesen. Zu harte, knochige Hände symbolisieren Härte, Unnachgiebigkeit, Geiz, Strenge und verführen oft zu Hartherzigkeit und Gefühlsarmut.

Temperatur, Feuchtigkeit bzw. Trockenheit der Hand

Beim Händedruck erfühlt man Temperatur und Feuchtigkeitsgrad der Hände. Hände können warm und kalt, feucht und trocken sein. Es verbinden sich hierbei die Eigenschaften:

- warm-trocken,
- warm-feucht,
- kalt-trocken und
- kalt-feucht.

Die *warm-trockene* Hand prägt einen Handeigner mit Willenskraft, bejahendem Daseinsempfinden, leidenschaftlichem, ichbezogenem Lebensbewältigungsdrang, produktiver Schaffenskraft, Treueempfinden, Leidenschaftlichkeit und Großmut. Negativpunkte sind Heftigkeit, Herrschsucht, Auflehnung, Widerspenstigkeit, Hochmut, Zorn und Gewaltanwendungstendenzen.
Warm-feucht symbolisiert Beweglichkeit, Vielseitigkeit, Begeisterungsfähigkeit, Idealbestrebungen, Anpassungsfähigkeit, Auffassungsvermögen und Intellektdenken. Minuspunkte realisieren sich in Zersplitterung, Unzuverlässigkeit, allzu großem Enthusiasmus, Oberflächlichkeit und nervenbelastenden Fehlhandlungen.
Eine *kalt-trockene* Hand veranschaulicht nüchterne Zweckgebundenheit, Konzentration, Fleiß, Ausdauer, Beharrlichkeit, Sachlichkeit und Stoffgebundenheit. Negativ zeigen sich starrer Dogmatismus, Kälte und materialistische Lebensbewältigungstendenzen. Oft gehen Pessimismus, Lebensangst und lebensverneinende Seelengestimmtheit konform.
Kalt-feucht gibt seelenvolle Empfindsamkeit, Anlehnungsbedürfnis, Weichheit, Beeindruckbarkeit, Instinktsicherheit, Hilfsbereitschaft und romantische Phantasiekraft, verbunden mit kreativer Gestaltungsmotivation. Im Negativbereich zeigen sich melancholische, resignierende, pessimistische, anlagebedingte Verhaltensweisen. Launenhaftes Entsagen, verminderte lebensbejahende Impulse, Indolenz und undurchsichtige, nebulöse Praktiken liegen im Rahmen der Möglichkeit.

Hautentsprechungen

Aussagen über Hautentsprechungen müssen immer im Außenhandbereich (Handrücken) genommen werden.
In diesem Falle geht die bläuliche Färbung der Haut mit krankhaften Körperfunktionen konform. In der Regel liegt eine Kohlensäurebelastung des Blutes vor. Blutarmut und damit verbundene mangelnde Blutzirkulation können auftreten. Bei stärkerer Blaufärbung sind organische Herzfehler angezeigt.
Die *grauschimmernde* Haut läßt auf schlechtes Blut schließen. Die Entschlackung des Körpers ist ungenügend, oft hervorgerufen durch träge Darmtätigkeit.
Festigkeit der Haut symbolisiert Kraft, Temperament und seelische Erfülltheit.
Weichheit führt zu Indolenz, Verweichlichung, Trägheit, seelischer Unausgewogenheit und zum Gefühlsüberschwang.
Geschmeidigkeit in der Hautentsprechung gibt seelisches Gleichgewicht, intellektuelles Gewecktsein und Streben im geistigen Erleben.
Feine Haut ist Zeichen von feingeistiger Lebenserfülltheit, Beeindruckbarkeit, Anpassungsbereitschaft und Erkenntnisfähigkeit in höheren Daseinsentsprechungen.
Grobe Haut ist abgestimmt auf die irdischen Lebensformen. Sie gibt Robustheit, Durchsetzungsvermögen im materiell ausgerichteten, praxisbezogenen Existenzverhalten.
Elastische Haut, die sich auf dem Handrücken leicht hochziehen läßt, zeigt Großmut, soziale Einordnungsbereitschaft, Großzügigkeit und Weitheit im Gefühlsbereich.
Gespannte, glatte Haut gibt Tendenzen bezogen auf Eigenbetontheit. Der Handeigner zeigt sich nicht einordnungsbereit und lebt im egozentrischen Bezugsfeld gefühlsreduzierter Ich-Verhaftung.

Behaarung der Hand

Der Handrücken der *männlichen* Hand ist normalerweise *behaart.* Dies ist Ausdruck von gesunder Vitalität, Generosität, Herzensgüte und optimistischer Lebensauffassung. Ist die Behaarung zu stark und erstreckt sie sich auf die Fingerglieder, so stellt sich ein überschüssiger Energiefluß ein. Die Folge ist verstärkte Sinnlichkeit, Leidenschaftlichkeit, Erregbarkeit, verbunden mit Heftigkeit.

Eine *unbehaarte Männerhand* läßt einen »weibischen« Einschlag vermuten, der auf leichte Lebensart, Luxusliebe und egoistische Eigenbezogenheit schließen läßt.

Die *Frauenhand* ist normalerweise *unbehaart* oder nur von einem leichten Flaum überzogen. Ausgesprochene Behaarung bei Frauenhänden vermittelt eine maskuline Artentsprechung.

Von weiterer Bedeutung ist die Farbtönung der Handhaare. *Schwarze Haare* veranschaulichen einen impulsiven, von starker Leidenschaft geprägten Handeigner. Diese Personen sind explosiv, reizbar, oft unkontrollierbar. *Helle, blonde Haare* findet man bei ausgeglichenen Typen. Sie leben das Leben mit optimistischer Weltsicht, sind von freudiger Gemütsart und verkörpern Idealismus und die Fähigkeit zu großem Gedankenreichtum, verbunden mit hervortretendem Leistungsniveau. Bei *roten Haaren* sind die Impulsivität und die Reizbarkeit stärker ausgeprägt als bei schwarzen Haaren. Hinzu tritt hier, insbesondere bei starker Hand, ein polterndes Wesen, aggressives Verhalten bis zum brutalen Ausleben von Gefühlsirritationen.

Der Händedruck

Ein Händedruck kann stark oder schwach sein. Er kann sich äußern in einem elastischen, federnden Zupacken oder laschen Hineinlegen in die dargebotene Hand. Händedrücke können lang anhaltend oder flüchtig sein. Sie erfolgen spontan oder zögernd, freudig oder aus erzwungener Zweckentsprechung. Hände werden gedrückt aus gesellschaftlicher Formentsprechung oder freundschaftlichem Enthusiasmus. Der Händedruck des Wiedersehens bei einem geliebten Menschen ist ein anderer als der beim Abschiednehmen. Die Nuancierung des Händedrucks ist weit gefächert und drückt die Seelengestimmtheit, die charakterliche Veranlagung wie auch körperliche Verfassung aus:

Einen *starken* Händedruck hat ein Handeigner, der sich in guter körperlicher Verfassung fühlt, offen und ehrlich erscheint und Zuverlässigkeit und Sicherheit ausstrahlt.

Menschen mit *schwachem* Händedruck sind gesundheitlich labiler und von geringerer Vitalität und Körperkraft. Die willensmäßige Bereitschaft ist herabgemindert. Im seelischen wie auch charakterlichen Bereich zeigen sich Ängste, Gefühlsirritationen, mangelndes Zutrauen in die eigenen Fähigkeiten, oft verbunden mit Laschheit und Gleichgültigkeit.

Das *lasche, drucklose* Hineinlegen in die dargebotene Hand verstärkt die negativen Merkmale beim schwachen Händedruck. Es signalisiert Lauheit, Kraftlosigkeit, vermindertes Selbstvertrauen und deshalb Unzuverlässigkeit, seelische Unausgewogenheit, verbunden mit Kleinmut.

Bei gleichzeitig *schwammiger Struktur* der Hand und *klebriger Feuchtigkeit* haben wir es mit einem Menschen zu tun, der stark unzuverlässig, falsch, lügenhaft, intrigenhaft und hinterlistig veranlagt ist.

Federndes, kraftvolles Zupacken beim Händedruck zeigt optimistischen Partnerschaftsgeist, großes Engagement, Ver-

trauensbereitschaft, Durchhaltevermögen und kameradschaftliches Miteinandergehen.
Langanhaltende Händedrücke, die einseitig erfolgen, sind für den anderen meist belastend, weil durch diese Art des Händedrucks durch den, der die Hand nicht freigibt, eine Einflußnahme auf die Intimsphäre wie auch ideelle sowie materielle Daseinsentsprechung angestrebt wird.
Der *flüchtige* Händedruck zeigt Interesselosigkeit, Gleichgültigkeit.
Die *spontan* hingestreckte Hand bei normalem Druck zeigt Entgegenkommen, Sympathie und aktive Bereitschaft im Wollen und Handeln.
Zögerndes Geben der Hand zeigt Unfreiheit, Beklemmung, Zaghaftigkeit, mangelndes Zutrauen in den andern, Zurückhaltung und Reserve.
Eine *freudig dargebotene* Hand ist die Geste der Freundschaft. Sie erfolgt unter Gleichgesinnten, unter Menschen, die sich im Leben etwas bedeuten, von denen man Hilfen und Beistand erwarten kann.
Der *erzwungene, zweckentsprechende* Händedruck ist der des Kindes, das der ungeliebten Tante oder dem nörgelnden Onkel die Hand geben muß, weil es der Erbonkel oder die Erbtante ist.
Der Handdruck aus *gesellschaftlicher Normentsprechung* erfolgt bei Empfängen und gesellschaftlichen Anlässen. Er ist daher unpersönlich, ohne innere Anteilnahme und Gefühlsintensität.
Wird bei der Begrüßung der Handrücken nach oben gehalten, so bedeutet dies vorsichtige Zurückhaltung, Verschlossenheit, Unzugänglichkeit und zweckentsprechendes egozentrisches Verhalten.
Im umgekehrten Falle, wenn also die Innenhandfläche nach oben sichtbar entgegengestreckt wird, zeigt sich Entgegenkommen, Offenherzigkeit und Aufgeschlossenheit.

Größenverhältnisse der Hand

Es gibt große und kleine Hände. Eine Hand kann breit oder schmal, dick oder dünn sein.
Die Normalhand bezüglich der *Größe* entspricht der Länge des Gesichtes. Als *normal breit* bezeichnet man Hände, wenn beide nebeneinandergelegt das Gesicht voll bedecken.
Im folgenden sei zunächst nicht auf die Normalhand eingegangen, die sich im Deutungsbereich bezüglich der nachstehend aufgeführten Handentsprechungen im gesunden, harmoniegebundenen Mittelwert bewegt.
Ist eine Hand als *groß* zu bezeichnen, so haben wir es mit einem Menschen zu tun, der im systematischen Sinne exakt und präzise tätig wird. Die Verhaltensweise ist ruhig, gehalten und verweilt im detaillierten, analytischen, auf Gründlichkeit ausgerichteten Daseinsentsprechen. Diese Handeigner haben die Fähigkeit, sich im ausdauernden Bestreben Spezialgebiete im technisch-mechanischen, ärztlich-chirurgischen wie auch handwerklichen Bereich erschließen zu können.
Die *kleine* Hand repräsentiert rasche Auffassungsgabe, unmittelbare Entschlußkraft sowie impulsive Tatbereitschaft. Personen mit kleinen Händen lieben und sehen die großen Zusammenhänge. Sie verlieren sich ungern in Einzelheiten und analytischen Aufgabenstellungen. Im unmittelbaren Erkennen werden Probleme instinktsicher angegangen und gelöst.
Eine *breit* ausgelegte Hand veranschaulicht gesunde Vitalgestimmtheit, verbunden mit freudiger Arbeitsintensität. Der Handeigner verfügt über Durchsetzungswillen, Energie, ist umgänglich, freundlich und aufgeschlossen für die Umweltbelange.
In der *Schmalhand* offenbart sich Enge und ängstliches Zagen. Die Strebungen liegen im intellektuellen, geistigen Bereich. Die Gesundheit ist oft zart, anfällig. Die Durchsetzungskraft

erscheint herabgemindert. Die Umweltbeziehungen unterliegen vorsichtigen, oft kleinmütigen Handlungsweisen.
In der voluminösen, *dicken* Hand liegt pulsierende Lebensbewußtheit, Generosität und gesundes Selbstvertrauen. Aufgabenstellungen werden in der Bewußtheit starker Körperlichkeit realisiert.
Dünne Hände symbolisieren verminderte Gefühls- und Seelengestimmtheit. Körperliche Anstrengungen werden nur ungern unternommen; die Gefahr, sich zu verausgaben, liegt fast immer im Bereich der Möglichkeit.
Alle zuvor genannten Deutungsaussagen, bezogen auf die jeweilige Handentsprechung und ausgerichtet auf Größe, Breite, Schmalheit, Kleinheit, Dünne und Dicke, verbinden sich im vielgestaltigen Ausdrucksfeld der Handformen. So kann eine große Hand breit oder schmal, dünn oder dick sein. Die große breite Hand kann sich sowohl als voluminösdick wie auch als mager-dünn darstellen. Eine große, schmale Hand kann gleichzeitig dünn sein. Eine große, schmale, dicke Hand ist nicht die Norm, genausowenig wie eine kleine, breite, dünne Hand allzuoft angetroffen wird, wogegen kleine, schmale Hände sowohl als kompakte, dicke Hände und sehr oft als mager-dünn in Erscheinung treten.
Bei der Analyse dieser Handentsprechungen liegen daher in der Kombination der jeweiligen Handformung detaillierte Deutungsaussagen. So vermittelt eine große Hand, die gleichzeitig als breit und dick angesprochen werden muß, neben der in der Größe liegenden Thematik der Ruhe, der Gründlichkeit und Ausdauer Robustheit sowohl im körperlichen wie auch im Vitalbereich.
Instinkthaftes Draufgängertum (Breite), verbindet sich mit starker Arbeitsintensität. Im uneingeschränkten Besitzwillen werden die erworbenen irdischen Wertentsprechungen gefühlsintensiv und genußfreudig ausgelebt.
Erweist sich bei dieser Konstellation der Größe und Breite die

Hand als dünn, so ermangelt der Handeigner der gefühlsmäßigen Stärke und Seelengestimmtheit. Im Erraffen irdischen und materiellen Besitztums erleidet er dennoch Entsagung.
Die große, schmale Hand zeigt sich, wie bereits angeführt, im Regelfall nur im mageren, d. h. dünnen Angelegtsein. In der Schmalheit liegt verstärkt die in der Größe der Hand verankerte verlangsamte, detaillierte, analytische Verhaltensweise. Gleichzeitig tritt ängstliches Zagen, verbunden mit vermindertem Durchsetzungswillen, zutage. Die Veranlagungen liegen mehr in intellektuellen, geistigen Bereichen. In Verbindung mit der mageren, dünnen Konsistenz zeigen sich gefühlsmäßige Frustrationen, oft Kälte und egoistische, rechthaberische Anwandlungen.
Konträr hierzu erscheint die kleine, schmale und dicke, kompakte Hand. Hier haben wir es mit einem Handeigner zu tun, der im unmittelbaren Angehen der Aufgabenstellungen Probleme instinktsicher löst und mit rascher Auffassungsgabe und impulsiver Tatbereitschaft das Leben zu meistern sucht. In der Schmalheit liegen auch hier intellektuelle Strebungen, aber in der Kompaktheit (Dicke) zeigt sich pulsierendes Lebensbewußtsein, starke Gefühlsintensität sowie Liebes- und Schönheitsverlangen, Leidenschaftlichkeit.
Die kleine, schmale, dünne Hand symbolisiert neben den Entsprechungen, die sich aus der Kleinheit ergeben, im wesentlichen Wesensentsprechungen der Zartheit, Leichtigkeit und des Anlehnungsbedürfnisses. Im Energiebereich ermangelt es der vitalen Antriebskraft. Die gefühlsmäßigen Empfindungen sind mehr oberflächlich im Sinne intellektueller Kommunikationsfreudigkeit.
In der kleinen, breiten, kompakten, d. h. dicken Hand liegen überschüssige Lebensfreude und Genußfreudigkeit. Die Gefühle sind stark ausgeprägt. Der Handeigner verlangt Befriedigung sowohl im emotionalen Bereich wie auch in bezug auf materiell ausgelegte Wertentsprechungen.

Handformen

Aus der Form der Hand Deutungsaussagen zu machen ist für den Anfänger kaum möglich, für den Fortgeschrittenen äußerst schwierig, und die Wissenden haben erkannt, daß es ahnendes Bemühen ist.
Diese Feststellung trifft um so mehr zu, als die chirologische Literatur neben den drei Grundhandformen Spatelhand, eckig sowie konisch, auf die hier eingegangen werden soll, weitere Formspezifikationen wie z. B. die primitive Form, die geistige Hand, die Philosophenhand, die gemischte Hand usw. in die Deutung aufnimmt und in eine Form zu bringen versucht.
Im Kapitel über die Finger- und Fingernagelform kommt zum Ausdruck, daß sich die drei Grundhandformen – aber nur diese –, nämlich Spatelhand, eckig und konisch, manifestieren und hier in der Formerkennung leicht zu lokalisieren sind. Ob es sich hierbei um eine primitive, geistige oder philosophische Hand handelt, liegt im Bereich einer intuitiven Betrachtungsweise.
Wie erkennt man nun, ob eine Hand die Spatelform aufweist, ob sie eckig oder konisch sich darbietet? Betrachten wir die *Außenhand*. Die Hand muß dabei gestreckt sein, die Finger sind aneinandergelegt. In der Gliederung der Gesamthand unterscheiden wir drei Bereiche: den Handansatz (Handwurzel), die Handmitte (Knöchelbereich bei den Fingeransätzen) und die Handendung (Fingerendung). In der Verhältnismäßigkeit dieser drei Bereiche zueinander ergibt sich die Formentsprechung, ausgedrückt in der Breitenausladung.
Bei der *Spatelhand* ist der Knöchelbereich am breitesten entwickelt. Bei der *eckigen* Hand sind der Bereich der Handwurzel und der Bereich der Mittelhand (Knöchelbereich) gleich breit. Die *konische* Handentsprechung zeigt sich im breiteren Ausgelegtsein der Handwurzel. Die Hand läuft in diesem Falle zu den Fingerenden konisch (spitz) zu.

Die Spatelhand

Die Spatelhand – *Knöchelbereich am breitesten* – wird auch als ovale Hand bezeichnet. Sie ist die Hand des Tatmenschen. In ihrer ovalen Abgerundetheit liegt eine abgerundete, festgefügte, praxisbezogene Wesensentsprechung. Spatelhänder lieben die Freiheit, die Großzügigkeit im ideellen Bereich. Kraftleistungen, Energie, Unternehmersinn, materiell ausgerichteter Strebersinn sind Attribute in der Zielrichtung, sich die Werte dieser Welt anzueignen und sie auszuleben. Lebens- und Sinnenfreuden sowie Genußliebe sind daher ausgeprägt. Spatelhänder sind die Beweger in den Lebensabläufen und -rhythmen. Sie sind die Führer, Former, Erneuerer.

Die eckige Hand

Die eckige Hand zeigt am Handansatz *gleiche Breite* wie im Knöchelbereich bei den Fingeransätzen. Schon in diesem parallelen Angelegtsein der Handentsprechung liegt die Begrenzung, die Gradlinigkeit sowie das Zweckgebundene in der Wesenheit.
Die Form vermittelt Ordnungssinn, Genauigkeit, Verläßlichkeit, Pflicht- und Systemtreue. Vernunft, Pünktlichkeit, Fleiß und ausdauerndes Bestreben treten in den Vordergrund.
Im Nutzeffekt können einseitige, nur auf den Intellekt ausgerichtete Strebungen angezeigt sein. Mangel an Idealismus, bürokratisches und moralisierendes Gehabe, Pedanterie und kleinliche Prinzipienreiterei sind Negativpunkte.
Menschen mit dieser Handentsprechung sind eher konservativ, sie verteidigen und lieben die übernommenen Ordnungs- und Daseinsformen.

Die konische Hand

Die konische Hand ist am *Handansatz am breitesten* ausgelegt und läuft über den Knöchelbereich zum Hand- bzw. Fingerende spitz zu.

Sie ist die schöngeistige Hand des Künstlers, des Ästheten, des Idealisten. Konische Formgebung symbolisiert in ihrer Schlankheit Anpassungsbereitschaft, Kommunikationsfreude sowie sympathieorientierte Umweltbezogenheit.
Die Hand vermittelt Stimmungen, Eindrücke, Phantasiekraft, Empfindsamkeit, Zärtlichkeitsempfinden, Geschmack, Liebe für Luxus und die Schönheiten des Lebens.
Körperliche Anstrengungen, Durchhaltevermögen, methodische Arbeitsweisen, Verläßlichkeit, Ordnungsliebe sowie zielorientierte Verhaltensweisen entsprechen nicht dem Naturell der konischen Hand.

Die Höhlung der Innenhand

Abschließend zu diesen drei Grundhandformen sei hier noch einmal auf die eingangs erwähnte Höhlung im Innenhandbereich ausführlicher eingegangen, weil vielfach die konische Handentsprechung diese Formgebung mehr oder weniger ausgeprägt aufweist.
Die konische Handform entspricht – ausgelegt auf ihre Sensibilität, die Empfänglichkeit für von außen herangetragene Einflüsse und Schwingungen im Seelen- und Gefühlserleben – weit mehr den Aussagen in bezug auf die Hohlhand, als dies bei der eckigen oder Spatelhand zum Ausdruck kommt.
Im stärkeren, tieferen Erlebnisbereich müssen Schicksalseinflüsse ertragen und im oft leidvollen Hinnehmen ausgelebt werden. Mitgebrachte Talente und Fähigkeiten können nicht bzw. nicht im vollen Umfange realisiert und zum Erfolg geführt werden. Rückschläge, Entsagungen und Mißerfolge wechseln immer wieder mit lebensbejahenden Erfolgstendenzen. Die Folgen sind Mißmut, Pessimismus, Niedergeschlagenheit und oft depressive Anwandlungen. Im Seelenreichtum, im intuitiven Erfassen positiver Daseinsentsprechungen liegen Möglichkeiten, diese Einflüsse abzuschwächen, zu mildern oder auch auszuschließen.

Der erhabene, flache Handteller zeigt Entsprechungen im positiv ausgelegten Sinne. Der Handeigner zeigt sich optimistisch, unternehmend, hoffnungsvoll. Die in das Leben mitgebrachten Talente können erfolgversprechend ausgelebt werden. Das Leben verläuft harmonisch, ausgeglichen und verheißt ein glückliches Naturell.

Rechte Hand – linke Hand

Die rechte Hand ist die aktive, die Hand der Tat. Die linke Hand ist passiv, empfangend, bewahrend. Die rechte Hand führt das Schwert. Die linke Hand hält den Schild. Die linke Hand vermittelt den mütterlichen Erbteil, die rechte Hand die väterliche Erbmasse. Die linke Hand gibt die Talente, Fähigkeiten, die Anlagen, das in dieses Leben Mitgebrachte. In der rechten Hand zeigen sich Möglichkeiten, diese Gaben im tätigen Leben zu realisieren, auszuleben und im positiven Gestalten zum Erfolg, zur Daseinsentsprechung zu führen.
In der linken Hand ruht die verinnerlichte, noch nicht aus der Latenz gehobene Wesenheit. Die rechte Hand erstrebt die Entwicklung, die erkennende, die lebensgestaltende Verwirklichung.
Die linke Hand ist seelenverhafteter, mütterlicher Urgrund. In der rechten Hand tritt der männliche, kämpferische Impuls zutage, der aus diesem Urgrund die Kraft zur Lebensbewältigung empfängt.
Es wurde bisher vermieden, Analogien hinsichtlich Chirologie und Astrologie aufzuzeigen, obwohl die Hand im Deutungsbereich alles aufweist, was auch ein Horoskop analog beinhaltet. In der Gegenüberstellung rechte Hand – linke Hand muß hier eine Ausnahme erfolgen. Eine Ausnahme deshalb, weil die linke Hand die Schicksalsentsprechungen der ersten Lebenshälfte symbolisiert, während die rechte

Hand für die zweite Lebenshälfte steht. Diese Tatsache findet eine Erklärung in der astrologischen Gesetzmäßigkeit. Diese Gesetzmäßigkeit ist in diesem Falle bezogen auf den Planeten Saturn. Der Planet Saturn durchläuft ein Tierkreiszeichen in ca. zweieinhalb Jahren. In einem Zeitraum von 28 bis 30 Jahren durchläuft er alle zwölf Tierkreiszeichen und kehrt an seinen Ausgangspunkt, den er bei der Geburt eines Menschen in dessen Horoskop besetzt hatte, zurück.
In dieser Position bringt er einen äußerst dominanten, also äußerst starken Einfluß zur Auswirkung. Er beendet die Schicksalsentsprechungen, die in der linken Hand angedeutet waren, und leitet über zur reiferen, zweiten Durchgangsperiode im Lebensfluß, der dann mit ca. 56 bis 60 Jahren (= zwei Durchgänge) normalerweise einen Abschluß findet.
Der Planet Saturn steht im überwiegenden Maße für die Schicksalseinwirkungen, mit denen der Mensch konfrontiert wird. Er ist das Schicksal schlechthin. Er verbindet und trennt. Er kann das Leben bis ins hohe Alter erhalten und zerstört durch den Tod in der Jugend und der Reifezeit. Saturn bringt beruflichen Aufstieg und Niedergang, Wohlstand und Armut. Er führt zur Macht und zur Ohnmacht. Zerfall, Krankheiten, Unfälle fallen in seinen Zuständigkeitsbereich.
Wen verwundert es also, daß bei dem Übergang der Schicksalseinwirkungen von der linken zur rechten Hand, in diesem Falle mit dem 28. bis 30. Lebensjahr, einschneidende Lebensumstellungen eine Realisation erfahren, die sich mit ca. 56 bis 60 Jahren wiederholen.
Mit ca. 28 bis 30 Jahren erlebt die Mehrzahl der Menschen den beruflichen Entwicklungsprozeß. Der berufliche Aufstieg beginnt, oder man findet nicht den Anschluß bzw. scheitert an den Gegebenheiten. Vielfach ergeben sich zu diesem Zeitpunkt Möglichkeiten der ehelichen Verbindung. Im Negativfall sind Trennungen und Scheidungen nicht ungewöhnlich. Kindersegen stellt sich, oft verspätet, in dieser Lebensperiode

ein. Man wird selbständig oder wird dazu gezwungen. Das Elternhaus, der mütterliche Urgrund treten in den Hintergrund.
Mit dem 56. bis 60. Lebensjahr zeigen sich erneut Lebensumstellungen, verbunden mit starken, oft karmischen Schicksalseinwirkungen.
Die Entsprechungen, ausgedrückt in der rechten Hand, verlieren an Gültigkeit. Saturn ist zum zweiten Mal zurückgekommen und setzt letzte Maßstäbe! Der berufliche Werdegang ist beendet, läuft aus. Die Körperkräfte lassen nach. Die Vitalität schwindet. Trennungen sind angezeigt. Angezeigt im Abschiednehmen. Im Abschiednehmen von Elternteilen, dem Ehegatten, Verwandten, Bekannten, oft von Kindern. Krankheiten, erworbene und angestammte, stellen sich ein. Gleichzeitig, und das ist die positive Wirkungsweise Saturns, des »Hüters der Schwelle«, hat der Mensch die Möglichkeit, aus gesammelten Erfahrungswerten und im Erkennen der kosmischen Zusammenhänge und Wirkungsweisen sein weiteres Leben trotzdem im Einklang göttlicher Vorsehung zu gestalten, weiterzuführen und die »Schwelle« zu überschreiten.
Doch nun zurück zu den Handentsprechungen »rechte Hand – linke Hand«: Die linke Hand trägt die Signatur der Möglichkeiten, die im Seelisch-Geistigen aus Vorbestimmtheit sowohl im Positiven wie auch im Negativen resultieren. Deshalb zeigt sich die linke Hand im Vergleich zur rechten Hand in den Linienzeichnungen intensiver und vielgestaltiger. Was in der linken Hand angezeigt ist, *kann* in der rechten realisiert werden. Daß dies im Regelfall kaum geschieht, zeigt die spärlichere Linienzeichnung in der rechten Hand. Dabei besteht im Extremfall und hier insbesondere bei geistig tätigen Menschen die Möglichkeit, in der Erkenntnisfähigkeit und im Streben nach Höherem Daseinsformen zu entwickeln, die zunächst in der linken Hand nicht eingezeichnet

waren und sich erst dann zeigen, wenn sie im Leben existent werden.

Umgekehrt können in der linken Hand Linien vergehen, wenn der Handeigner diese Anlagen und Fähigkeiten nicht nützt bzw. im Gegenteiligen sein Leben gestaltet. Alles ist im Fluß. Vergehen und Entstehen von Linien, Änderungen im Linienfluß, die Einzeichnung von Hindernissen und die Aufhebung dieser liegen im charakterlichen Bestreben, in der Erkenntnisfähigkeit der Daseinsentsprechungen, seien sie nun im Guten oder Bösen in diesem Leben angezeigt.

Diese Aussagen beziehen sich auf *männliche Handeigner*, die *gleichzeitig Rechtshänder* sind. Bei Linkshändern männlichen Geschlechts ändern sich die Vorzeichen. Die linke Hand ist die Führungshand, die rechte die bewahrende, die passiv ausgerichtete. Wiederum umgekehrt sind die Fakten bei weiblichen Handeignern. Hier ist bei Rechtshändern die linke Hand die aktive Hand. In dieser Aktivität liegt das weibliche Prinzip der Kreativität, der seelischen Größe und Stärke und der Hingabefähigkeit, der Liebesfähigkeit und der künstlerischen Ambitionen, wie wir sie analog bei männlichen Linkshändern oft antreffen. Bei linkshändigen weiblichen Handeignern ist die rechte Hand die bestimmende. Hier zeigt sich oft ein männlicher Einschlag in der Bewältigung der Lebensaufgaben und im Bestreben erfolgreicher Betätigungen.

Kapitel 2

Fingerentsprechungen

Finger können gerade, gekrümmt, verbogen bzw. gebogen sein. *Gekrümmte* Finger können dabei sowohl seitlich nach den anderen Fingern gewandt diese Deformation aufweisen, wie sie andererseits auch zum Innenhandbereich gekrümmt sein können. Die *Verbiegung* zeigt sich hingegen ausschließlich im seitlichen Bereich. *Gebogene* Finger erscheinen einmal in der nach der Außenhand zurückgebogenen Formation und zum anderen in der zum Innenhandbereich einwärts gebogenen Haltung.

Gerade Finger symbolisieren »Geradheit« im Sinne des Wortes. Sie vermitteln Ausgeglichenheit in den Wesensentsprechungen, geben Zielstrebigkeit, Gerechtigkeitsverlangen und lassen die in dieses Leben mitgebrachten Talente und Fähigkeiten sich erfolgreich realisieren.

In der Krümmung zeigen sich Einschränkungen in den Daseinsentsprechungen. Schwierigkeiten und Verhinderungen sind angezeigt. Erfolgt die Krümmung zum Innenhandbereich, so reagiert der Handeigner im vorsichtigen, manchmal verschlossenen Naturell, ist sparsam, oft geizig, egoistisch und habgierig.

Die seitliche Krümmung gibt »Ungeradheit« in den Charakterveranlagungen und den Lebensabläufen. Hier liegen im verstärkten Maße die vom Schicksal auferlegten Einschränkungen und Schwierigkeiten.

Gleiche Entsprechungen sind in der Verbiegung zu konstatieren. Die Schicksals- bzw. Charakterauswirkungen werden

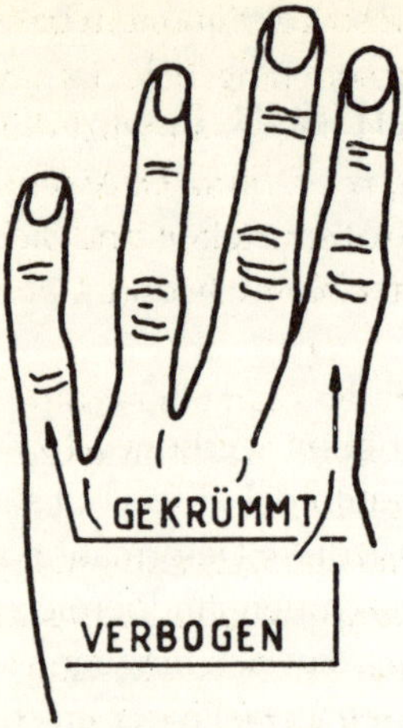

Abb. 2: Fingerbiegung seitlich

bei dieser seitlichen Verkrümmung bzw. Verbiegung in ihrer differenzierten Aussagefähigkeit jeweils durch die Finger dokumentiert, die diese Abnormität aufweisen.

Ist also der Zeigefinger, in diesem Falle der Jupiterfinger, seitlich verkrümmt bzw. verbogen, so liegen die Diskrepanzen in Bereichen, die der Zeigefinger symbolisiert. Der Zeige- bzw. Jupiterfinger repräsentiert die Selbstdarstellung des Handeigners in der sozialen Gesellschaft. Er steht für Gerechtigkeitsempfinden, Religiosität, gesundes Ehrgefühl, Rechtschaffenheit, Ritterlichkeit, Hilfsbereitschaft, soziale Einordnungsbereitschaft, aber auch für Autorität, Machtanspruch und Verlangen nach Ehren und Auszeichnungen.

In der Krümmung bzw. Verbiegung zeigen sich die negativen Auswirkungen. Der Handeigner wird also im gesellschaftlichen Bereich in der Gemeinschaft wenig positive Erfahrungen sammeln und auch von sich aus kaum im guten Sinne auf diese einwirken. Das gesunde Selbstvertrauen wie auch das Rechtsempfinden sind angeschlagen, die Selbstdarstellung in der Lebensbewältigung herabgemindert.

Ist bei dieser Konstellation, also gekrümmtem bzw. verbogenem Jupiterfinger, der Finger sehr lang, d. h., ist er im Verhältnis zum Ringfinger länger als dieser, so wird der Machtanspruch zum egozentrischen, ja oft brutalen Machtverlangen. Der Handeigner neigt zur Großspurigkeit und Selbstüberhebung, zu brutalem Autoritätsanspruch und Unehrenhaftigkeit.

Bei zu kleinem Finger liegen die Charakterveranlagungen in unmoralischen Verhaltensweisen, Machtlosigkeit, Bigotterie und entsagender Selbstbewußtheit.

Der *Mittelfinger*, in diesem Fall der Saturnfinger, repräsentiert die Selbstdarstellung im Verantwortungs-, Leistungs-, Pflicht- sowie Verwirklichungsbereich. Bei normaler Länge, d. h., der Finger muß Zeige- und Ringfinger in seinem oberen Glied um die Hälfte überragen, prädestiniert er zu ausgeprägtem Pflichtbewußtsein, Verantwortungsempfinden, Leistungsstreben, Fleiß, Zuverlässigkeit, Ernst, Ausdauer, Zielstrebigkeit, Zähigkeit, Konzentration sowie ökonomischem wie auch materiell ausgerichtetem Denken.

Die Krümmung bzw. Verbiegung dieses Fingers besagt bei normaler Länge Unstetigkeit in bezug auf Ausdauer, Zielstrebigkeit und Leistungsverhalten. Pflichtbewußtsein und Verantwortungsempfinden unterliegen einer wechselhaften Seelengestimmtheit.

Überlänge und Krümmung bzw. Verbiegung des Saturnfingers veranschaulicht überlastendes Pflichtempfinden, ungesunden Leistungszwang, harte Arbeits- und Lebensbedingungen, Grübelei, Schwermut, Vereinsamung.

Der zu kurze Saturnfinger gibt bei dieser Konstellation Verantwortungslosigkeit, fehlendes Pflichtempfinden, labile bzw. mangelnde Arbeitsintensität und führt daher oft zur asozialen Lebensführung und Gestaltung.

Der *Ring*- bzw. *Venusfinger* steht für Ethik und symbolisiert die Selbstdarstellung des Menschen in ideeller, künstlerischer, harmoniegebundener Erlebnisfähigkeit. Er vermittelt Schönheitssinn, Lebensfreude und Streben nach geistiger Freiheit, Würden, Ehren und Ruhm. Er ist der Finger der Du-Bezogenheit.

Bei normaler Länge und Krümmung bzw. Verbiegung stellen sich Hindernisse und Schwierigkeiten in vorbezeichneten Wesens- und Charakterbereichen ein. Die angezeigten Talente und Fähigkeiten erleben in der Realisation Einbußen, und es stellen sich immer wieder Verzögerungen und Hemmnisse ein.

In der Überlänge unterliegen die Entsprechungen durch die Krümmung bzw. Verbiegung einem verstärkten negativen Einfluß. Die Lebensfreude tendiert zur verschwenderischen Genußsucht. Die Liebesbeziehungen erfahren einen besitzergreifenden, egoistischen Einschlag. Schönheits- und Kunstempfinden unterliegen Protzerhaftigkeit und weichen von dem »Normalen« stark ab.

Der zu kurze Venusfinger bei Krümmung bzw. Verbiegung symbolisiert herabgeminderte Liebesbezogenheit mit der Tendenz zu Flirts und zur Untreue. Der Handeigner erscheint harmonieunwillig und ist in seinen Schönheitsidealen verschroben, oft kitschig.

Der *Kleinfinger*, chirologisch als Merkurfinger bezeichnet, repräsentiert die Wertentsprechungen im Ausdrucksfeld der intellektuellen, geistigen Kraft. Er stellt die Bezugspunkte zur Umwelt dar, macht kommunikationsfreudig und gibt Fähigkeiten in bezug auf Rede, Wort und Schrift. Aufgrund eines gesunden, rührigen Geschäftstriebes liegt die Erlangung materieller Werte in seinem Bereich.

Bei »normaler« Länge, d. h., wenn der Merkurfinger mit seinem oberen Glied den Ansatzpunkt des oberen Gliedes des Venusfingers etwas überragt, und hier auch wieder unter Berücksichtigung der Krümmung bzw. Verbiegung, unterliegt die Gewandtheit gewissen Anpassungsschwierigkeiten. Die

Abb. 3: Fingerbiegung nach oben

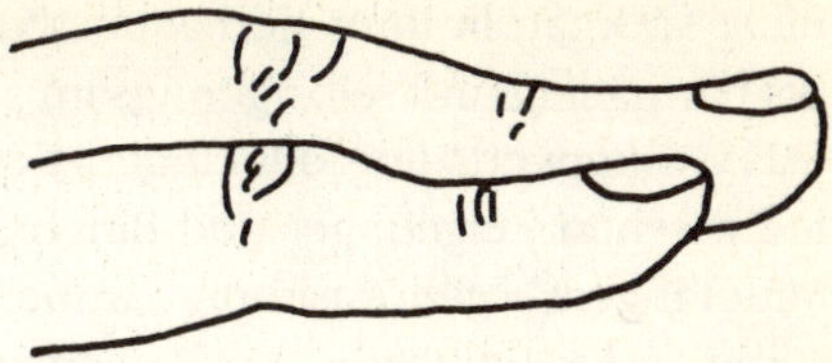

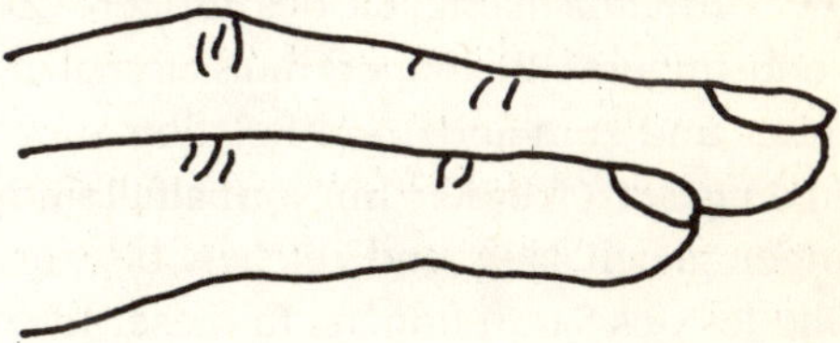

Abb. 4: Fingerbiegung nach unten (einwärts)

Interessiertheit in finanziellen und geschäftlichen Belangen erfährt Abstriche, die Ausdrucksfähigkeit und das diplomatische Geschick lassen oft zu wünschen übrig.

Ist der Merkurfinger bei Krümmung bzw. Verbiegung zu lang, so besagt dies unlautere Überredungskunst sowie Gerissenheit im Geschäftsbereich zur Erlangung finanzieller Werte. Der Handeigner neigt zu Verschlagenheit und unsauberen Transaktionen.

Zu klein bei Krümmung bzw. Verbiegung, prädestiniert der Merkurfinger zu List, Unwahrheit und trügerischen Geschäftspraxen.

Gebogene Finger, im ersteren Fall nach außen, also nach oben gebogen (Abbildung 3), symbolisieren Anpassungsbereitschaft, Feinfühligkeit, Freigebigkeit, manchmal bis zur Verschwendungssucht, und in dieser Charakterveranlagung verbunden mit Luxusliebe und dem Verlangen nach den Annehmlichkeiten in der Lebensführung.

Nach einwärts gebogene Finger (Abbildung 4) verleiten zur Sparsamkeit, Vorsichtigkeit. Diese Handeigner reagieren

nicht spontan in ihrer Verhaltensweise, sind zurückhaltend bis hartnäckig und selbstgenügsam.
Das Größenverhältnis der Finger zueinander – in diesem Falle zwischen Zeigefinger und Ringfinger unter Einbezug des Mittelfingers – gibt Auskunft darüber, auf welchen grundbestimmenden Interessen- und Lebensgebieten der Handeigner sein Schicksal lebt und darin Erfüllung findet.
Die Verhältnismäßigkeit des Jupiter- (Zeigefinger) und des Venusfingers (Ringfinger) muß einmal in einen Bezug zueinander und zum andern in Relation zum Saturn-, also Mittelfinger gesetzt werden. Im Normalfall sind Jupiter- und Venusfinger gleich lang und reichen bis zur Hälfte des oberen Gliedes des Saturnfingers. In dieser Idealkonstellation realisieren sich die Charakter- und Schicksalsentsprechungen, die Jupiter, Venus und Saturn zum Ausdruck bringen in harmonischer, ausgeglichener und daher erfolgversprechender Lebenserfüllung. Ehrgeiz, Gerechtigkeitssinn, Selbstbewußtsein und materielle Strebungen (Jupiterfinger) erleben in den ideellen Wertvorstellungen, in der Du-Bezogenheit, im schönheitsempfindenden künstlerischen Ausleben (Venusfinger) die Realisation in der verantwortungsvollen Abgesichertheit der Saturnentsprechungen.
Reicht der Jupiterfinger bis zur Hälfte des obersten Gliedes des Saturnfingers und ist er dabei länger als der Ringfinger (Venusfinger), so bedeutet dies eine Vormachtstellung der materiellen Lebensinteressen gegenüber den ideellen Wesensentsprechungen. Der Handeigner erstrebt äußere Erfolge, Anerkennung und Hervortreten im gesellschaftlichen Lebensbereich sowie Einflußnahme auf Gebieten, die die Wirtschaft und Einrichtungen des öffentlichen Lebens betreffen. Die in dieses Leben mitgebrachten Talente und Fähigkeiten können realisiert und mit Erfolg umgesetzt werden.
Ist der Jupiterfinger dabei zu lang, d. h., geht er in seinem Längsverhältnis über die Hälfte des obersten Gliedes des Mit-

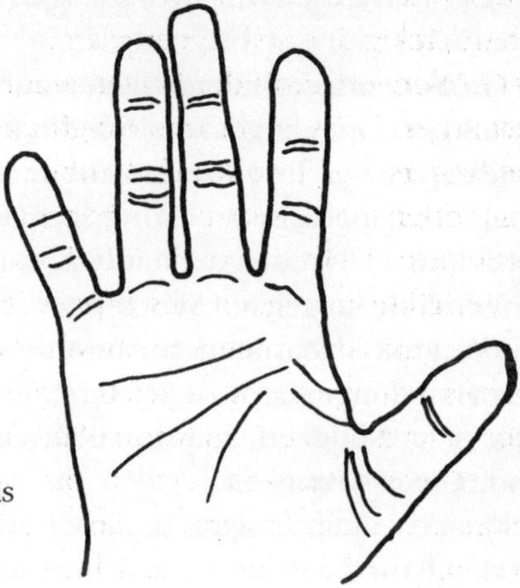

Abb. 5: Längenverhältnis Jupiter- zu Venus- bzw. Ringfinger

telfingers hinaus, haben wir eine ungesunde Übersteigerung der Jupiterentsprechungen. Das Anerkennungsstreben wird zum dominierenden Machtanspruch, die Selbstdarstellung führt zur Selbstüberhebung und zu subjektiven, egozentrischen, stark materiell ausgerichteten Daseinsentsprechungen.

Bei längerem Ring- bzw. Venusfinger, auch hier in Relation zu Jupiter- und Saturnfinger, überwiegen die Idealbestrebungen. Die Lebenserfülltheit realisiert sich im Verlangen nach Anerkennung in künstlerischen wie auch wissenschaftlichen Bereichen (letzteres in der Regel in Verbindung mit einem lang ausgebildeten Merkurfinger).

Diese Handeigner verfügen über innere Werte, streben nach geistiger Freiheit, sind feinfühlig, lebensfreudig und hingebungsvoll in der Du-Bezogenheit.

Ist der Venusfinger zu lang ausgebildet, ergeben sich ins Extrem laufende Charakterveranlagungen. Genußfreude, überschwengliches Sympathieempfinden, Ruhmsucht und belastende, egozentrische Du-Bezogenheit sind die Folge.

Kurze Finger – lange Finger

Die Größenentsprechungen liegen auch hier in der Verhältnismäßigkeit, im Verhältnis Länge des Innenhandrumpfes zur Länge der Finger. Im Normalfall ist der Handrumpf 1 cm länger als die Fingerentsprechung, gemessen am Saturnfinger (Abbildung 6). Handeigner mit *kurzen* Fingern sind impulsiv, drängend; sie neigen zur Synthese, raschen Entschlüssen, sehen die großen Zusammenhänge, sind optimistisch und in ihren Handlungen großzügig. Im negativen Sinne zeigt sich Kritiksucht, Neugierde, zu starke Beredsamkeit und überhastende Unvorsichtigkeit.

Bei Menschen mit *langen* Fingern besteht ein ausgesprochener Hang zur Analyse; sie sind methodisch, operieren vorsichtig, oft langsam. Vielfach verlieren sie sich in Einzelheiten und kommen dann nicht zu einem abschließenden Gesamturteil. Der Optimismus leidet und kann, da die gefühlsmäßigen Empfindungen stark ausgeprägt sind, aufgrund dieser Wesensentsprechung zur Unzufriedenheit, Widersprüchlichkeit und Niedergeschlagenheit führen.

Die *normale* Fingerlänge stellt einen idealen Ausgleich zwischen kurzen und langen Fingerentsprechungen her. Die Entschlußkraft ist ausgewogen und den jeweiligen Verhältnissen entsprechend angepaßt. Diese Handeigner sehen die großen Zusammenhänge, ohne dabei Einzelheiten außer acht zu lassen. Rasche Auffassungsgabe, Rührigkeit und optimistisches Angehen der gestellten Aufgaben sind weitere Attribute.

Fingerzwischenräume

Fingerzwischenräume ergeben sich in zweifacher Hinsicht. Einmal, wenn die Finger eng zusammengehalten werden und sich dann, wenn man die Hand in Augenhöhe gegen das Ta-

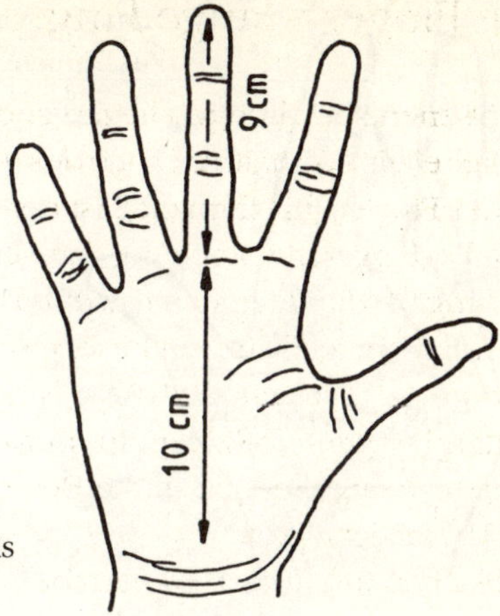

Abb. 6: Längenverhältnis Handrumpf zu Finger

geslicht hält, schmale Zwischenräume zwischen den einzelnen Fingern zeigen, und einmal, wenn die Hand in zwangloser Ungebundenheit, in geöffneter Form, flach hingelegt wird (Abbildung 7 und 8).

Im ersteren Falle spricht die ältere Literatur, je nach den Fingerentsprechungen, von Verschwendung, sei es nun in materieller Hinsicht oder auf Gefühle bezogen, auf Wunschentsprechungen wie auch auf die Befriedigung ideeller oder schöngeistiger Wertvorstellungen.

Im zweiten Falle ergeben sich differenzierte Aussagen im charakterlichen Bezugsfeld. Eine entscheidende Rolle kommt in dieser Bildentsprechung dem Saturnfinger (Mittelfinger) zu. Er ist in dieser Konstellation, im Geöffnetsein der Hand, der ruhende Pol. In der Spannweite, in der größtmöglichen Offenheit der Fingerabstände wie auch in der Enge der Zwischenräume bestimmt er die schicksalsmäßigen Auswirkungen.

Sind die Finger zusammengehalten, so zeigen sie sich im ängstlichen, vorsichtigen saturninen Prinzip. Die Offenheit, Weitschweifigkeit, Ungebundenheit, der Expansionsdrang, die freiheitlichen Unabhängigkeitsbestrebungen sind weit-

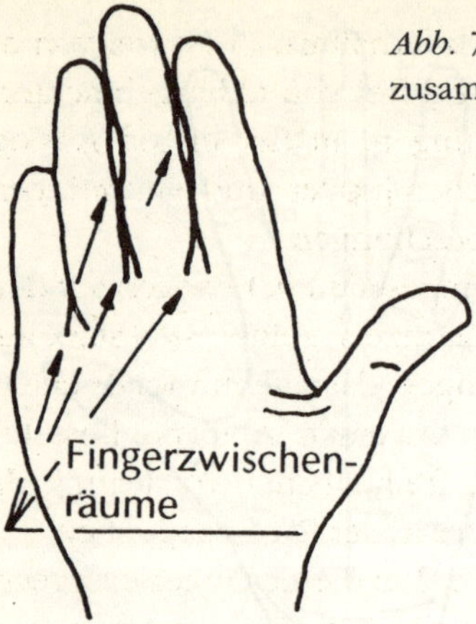

Abb. 7: Zwischenräume bei zusammengehaltenen Fingern

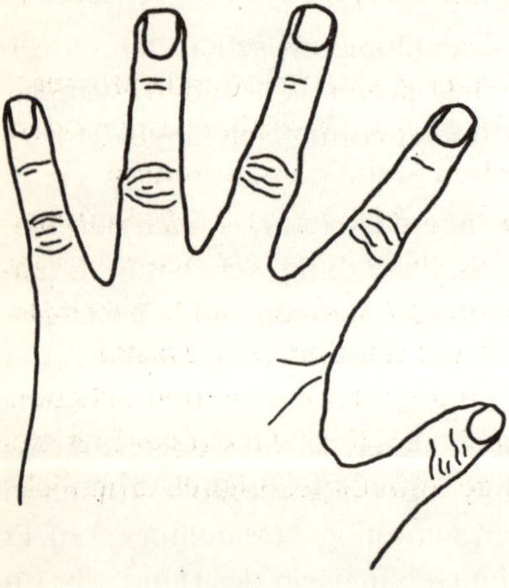

Abb. 8: Zwischenräume bei Abspreizung der Finger

gehendst ausgeschaltet. In der engen Verbundenheit mit Saturn, in diesem Falle des Saturnfingers, liegt die Verhaftung im eng ausgelegten Abhängigkeitsgefühl schicksalsmäßiger Auswirkungen.
Ergibt sich ein erweiterter Abstand zwischen Jupiter- (Zeige-) und Saturnfinger, so sind großzügige Wesensentsprechungen angezeigt. Der Handeigner verfügt über Freiheiten und

ein großes Unabhängigkeitsverhältnis. Er ist frei von angestammten Konventionen und frei von althergebrachten gesellschaftlichen Überlieferungen. In der engen Auslegung des Zwischenraumes zwischen Jupiter- und Saturnfinger zeigen sich gegenteilige Entsprechungen.
In der weiten Zwischenraumgestaltung, bezogen auf den Saturn- und Venusfinger (Ringfinger), zeigen sich stark ausgeprägte Charakterveranlagungen, das sittlich-moralische Empfinden betreffend. Im zu extremen Abstand besteht die Gefahr einer allzu großen freiheitlichen Auslegung dieser Charakterzüge, insbesondere in der Du-Bezogenheit.
Im verringerten Abstand, der bei dieser Fingerentsprechung als normal anzusehen ist, bleiben die idealistischen, harmonieausgewogenen und optimistischen Daseinsentsprechungen existent.
Gestaltet sich der Abstand zu eng, sind belastende Momente angezeigt, die das Gefühlsleben, die seelische Ausgewogenheit wie auch die freiheitlichen Ambitionen berühren.
Der Zwischenraum zwischen Venus- und Merkurfinger (Kleinfinger) veranschaulicht im weiten Geöffnetsein große Bewegungsfreiheit, Unabhängigkeitsliebe, gibt Wißbegier und vermittelt einen erweiterten Handlungsspielraum.
Im engen Anliegen beider Finger erleiden die freiheitlichen, idealistischen Bestrebungen, die Kontaktbezogenheit zur Umwelt wie auch die geistige Aufnahmefähigkeit erhebliche Einbußen.

Glatte Finger – knotige Finger

Im Deutungsbereich der Hand stehen die Finger in ihrer Gesamtaussagekraft für das geistige Prinzip, während im Handballen sich das seelische wie auch das körperliche Bezugsfeld realisieren.

Wie in Abbildung 9 darüber hinaus ersichtlich ist, ergeben sich in bezug auf die Fingerentsprechungen, die also den geistigen Bereich symbolisieren, spezifische Aufteilungen, in diesem Fall auf die einzelnen Fingerglieder bezogen und wiederum ausgerichtet auf die Trinität Körper, Seele und Geist.

Es ist erforderlich, auf diese Einteilungen vorab einzugehen, denn nur so können Aussagen über die glatte bzw. knotige Fingerform realbezogen vorgenommen werden.

So veranschaulicht das äußere Fingerglied im sehnenden Verlangen nach geistiger Erkenntnisfähigkeit und Überwindung der irdischen, körperlichen Fesseln den Bereich des geistigen Erlebens.

Die Seele als Bindeglied zwischen Körper und Geist findet sich im Mittelglied. Die Körperlichkeit bildet die Basis, die Verwurzelung, hier auch in der Verschmelzung mit dem Handrumpf dargestellt. Sie manifestiert sich im untersten Fingerglied.

In der Ausbildung der einzelnen Glieder, ersichtlich aus dem Größenverhältnis der einzelnen Glieder zueinander, ergeben sich die jeweiligen Deutungsentsprechungen:

Dominieren die Nagelglieder, so ergeben sich, je nachdem, bei welchem Finger sich diese Anlage zeigt, auf die Aussage und Symbolkraft des jeweiligen Fingers bezogen, geistige, intellektuelle Interessen in einer höheren, ideologischen Lebenserfüllung.

Längere Mittelglieder veranschaulichen stärkere Seelengebundenheit in einer Vormachtstellung des Gestaltens, des Formens im mehr realbezogenen, objektiven Ausleben der praktischen, bewußtseinsnahen Anlagen.

Im längeren Wurzelglied manifestiert sich Ursprünglichkeit im sinnenhaften, körperlichen Erleben, die Tendenz der Umsetzung und der materiellen Nutzung der in den oberen Gliedern angezeigten Anlagen und Fähigkeiten.

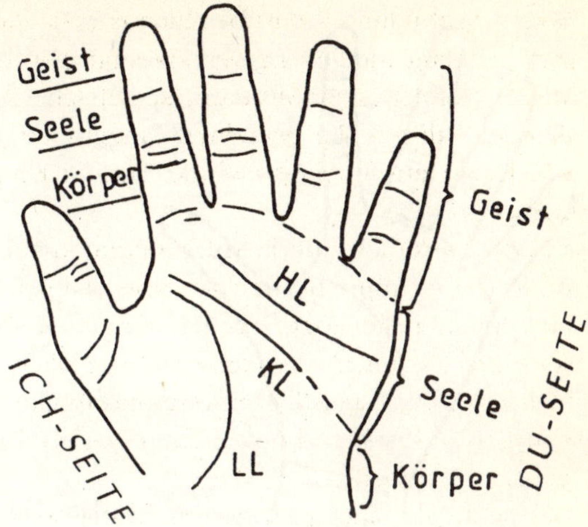

Abb. 9: Wesenseinteilung der Gesamthand

Ausgerichtet auf vorbezeichnete, einleitende Grundsatzaussagen haben die Finger im Angelegtsein glatter bzw. knotiger Formgestaltung eine zweifache Funktion. Einmal empfangen sie als Antenne kosmische Impulse und Energieströmungen, die in den inneren Bereich der Hand weitergeleitet werden, um dort in der Verarbeitung, in der Gestaltung, in der Formung gemäß den Anlagen, Talenten und Fähigkeiten Daseinsentsprechungen anzunehmen, um zum andern im rückbezüglichen Fließen in den Fingerentsprechungen die Auswirkungsmöglichkeiten im schicksalsmäßigen Ablauf des Lebens zu finden.

In der *glatten*, also nichtgeknoteten Fingerform findet dieses Fließen ein ungehemmtes, ungehindertes Einströmen der äußeren Impulskräfte.

Intuitives, unmittelbares Erfassen und Reagieren, verbunden mit begeisterungsfähigem Tatempfinden, sind ausgeprägt. Der Gefühlsbereich erlangt Priorität gegenüber dem verstandesgemäßen, realbezogenen Handlungsspielraum. Handeigner mit glatten Fingern sind eher sorglos, phantasiebegabt,

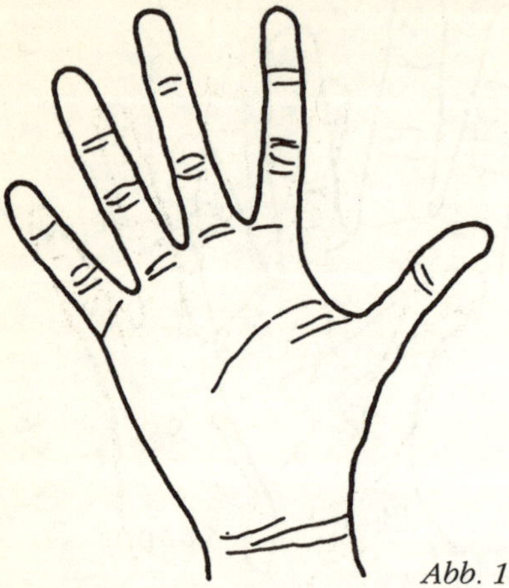

Abb. 10: Glatte Fingerentsprechung

vielfach leidenschaftlich veranlagt. Diese Veranlagung macht geneigt zu unkontrollierten, ungeordneten, subjektiv geleiteten Eingebungen.

Die *geknotete* Fingerentsprechung setzt einschränkende Prinzipien. Die Eingebungen werden einer Kontrollfunktion unterzogen. In der Knotenbildung erfolgt eine Filtration, eine Sichtung der einfließenden Strömungen. Andererseits unterliegen im rückbezüglichen Sinne die Auswirkungstendenzen einem Ordnungsprinzip, einer methodischen, intellektuellen, lebenstüchtigen Motivation.

Die Gefühlsregungen treten zurück. Logik, Berechnung, Vorsicht, Beherrschung sind ausgeprägte Charakterveranlagungen. Die Denkprozesse sind ausgerichtet im Erfolgverhaftetsein materieller, wirtschaftlicher, realbezogener Machbarkeit.

Negativpunkte sind allzu große Kritiksucht, Genauigkeit sowie grüblerische, verlangsamende Handlungsbereitschaft.

Unterschieden werden muß in obere und mittlere Knoten. Die oberen Knoten, die zwischen dem Fingermittelglied und

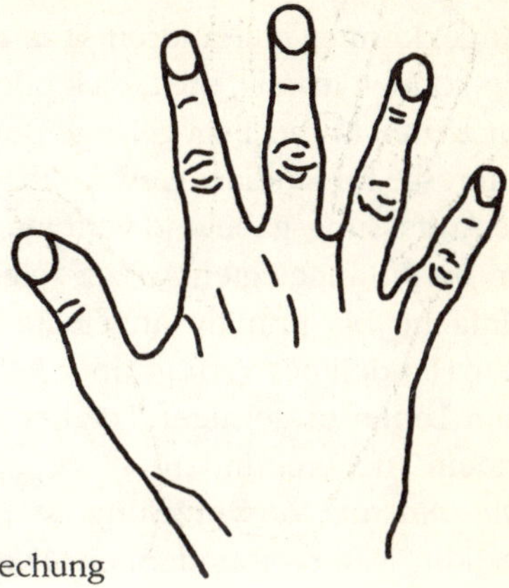

Abb. 11: Knotige Fingerentsprechung

der Fingerendung liegen, werden als geistige bzw. philosophische Knoten bezeichnet. Die mittleren Knoten, gelegen zwischen unterem und mittlerem Fingerglied, gelten als materielle oder Ordnungsknoten.

In der Bezeichnung liegt die Entsprechung. Der obere, im geistigen Bereich gelegene philosophische Knoten hat einen Bezug zu den Denkprozessen. Er befähigt also zu Logik, analytischem, kritischem, prüfendem Denkverhalten. Im vergleichenden Analogiebestreben verleitet er zur Übervorsichtigkeit, zum Zweifeln, zu kleinlichen, mißtrauischen Daseinsformen.

Der mittlere Knoten entspricht in seiner materiellen Ordnungsfunktion dem handelnden Prinzip. Die Handlungen unterliegen der realen, machbaren, praxisbezogenen Daseinsentsprechung. Systematik, Disziplin und berechenbares Kalkül, ausgelegt auch auf die Alltagsentsprechungen, verführen zu Pedanterie, überorientierter Ordnungsliebe, zur Nüchternheit, zu Gefühlsverhärtungen, Egoismus und ökonomischem Sparsamkeitsverhalten bzw. Fanatismus.

Fingeransätze

Finger können im Handrumpf zart angesetzt sein oder plump. Sie können massiv, breit, dick oder mager erscheinen.
Im *zarten* Ansatz liegt geistige Beweglichkeit, Liebreiz, reges Interesse für Studien, Gewandtheit, Geschicklichkeit, intuitive Auffassungsgabe und verfeinerte Ausdrucksfähigkeit.
Im *plump* angelegten Ansatz zeigen sich mehr oder weniger einfache bis primitiv angelegte Charakterentsprechungen. Der Handeigner verfügt über keinerlei Taktgefühl und lebt sein Leben in geistiger Trägheit und stumpfem, egozentrischem Triebempfinden.
Die *massive* Verwurzelung ist gleichbedeutend mit einer starken Naturverbundenheit. Diese Handeigner stehen mit beiden Beinen im Leben. Materielle Interessen, praktische Veranlagung und realistische Strebungen stehen im Vordergrund.
Ist der Ansatz dabei gleichzeitig *breit*, kann eine zusätzliche gefühlsbetonte Note im besitzergreifenden, beherrschenden, leidenschaftlichen Ausleben der naturverhafteten Impulse hinzutreten.
Im Ansatz einer *dick* ausgeprägten Fingerentsprechung sind sinnliche Daseinsentsprechungen existent, die sich in einem starken Wunschverlangen, im Begehren, im leidenschaftlichen Ausleben von Genüssen, erotischen Freuden und im Wohlleben manifestieren. Diese Handeigner verfügen in der Regel über ein liebenswürdiges Benehmen, können Hilfsbereitschaft und Güte unter Beweis stellen, wobei die materiellen Voraussetzungen naturgemäß gegeben sind. Kunstverständnis und künstlerische Ambitionen sind oft vorhanden.
In der *mageren* Entsprechung liegt eine intellektuelle, wissenschaftlich-abstrakte Veranlagung begründet. Diese Handeigner sind auf konkrete, realgebundene Fakten eingestimmt. Die verstandesbetonte Lebenseinstellung läßt die

Abb. 12: Fingeransatz, bezogen auf die Umfangentsprechung des dritten Fingergliedes

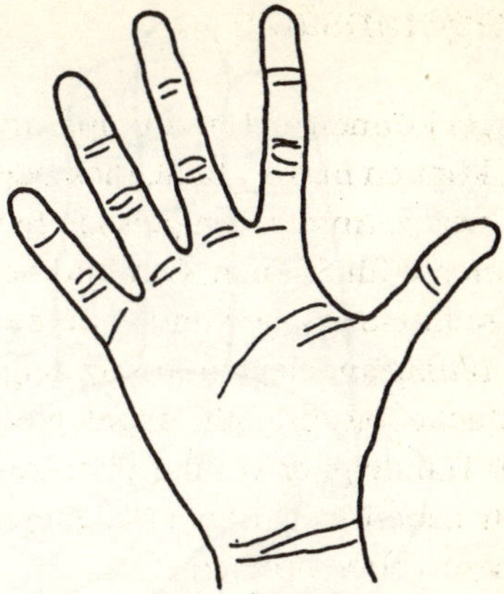

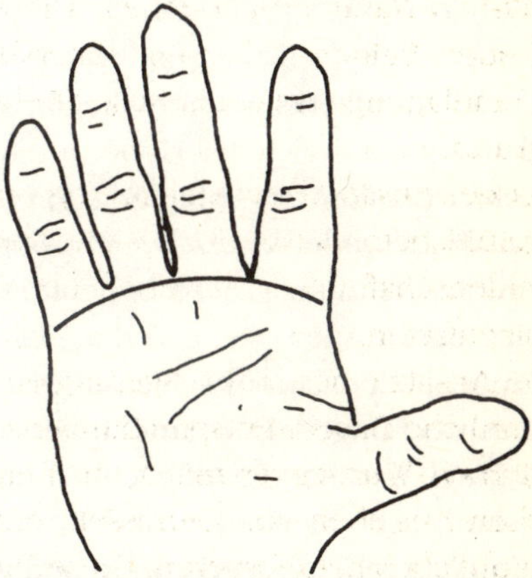

Abb. 13: Biegung »normal«

Gefühle in dieser Betontheit zur Gefühlsarmut degenerieren. Gleichzeitig können sich egoistische Lebensformen anzeigen.

Im erweiterten Sinne können die Fingeransätze im versammelten Ausdrucksverhalten, in der Verhältnismäßigkeit zueinander und in der Ansatzentsprechung zum Handrumpf Aussagefähigkeit erlangen.

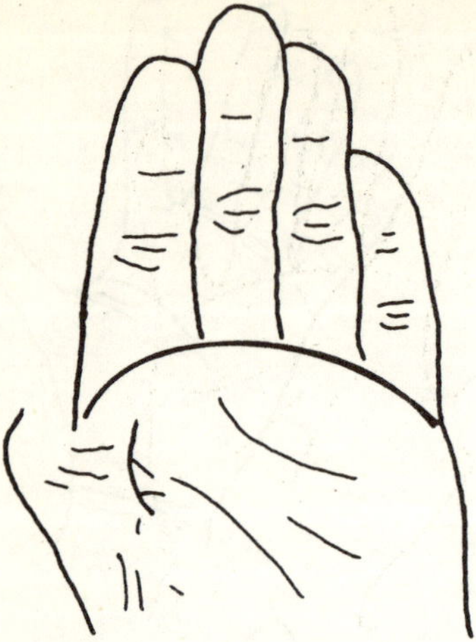

Abb. 14: Biegung tief (Jupiter zu Merkur)

In der Ansatzentsprechung liegen Saturn- und Venusfinger in der Regel auf gleicher Höhe. Jupiter- und Merkurfinger sind tiefer verankert. In Abbildung 13 ergibt sich im harmonischen Ausdrucksverhalten eine leicht bogenförmige, symmetrische Ansatzzeichnung. Diese bogenförmige Anordnung symbolisiert eine ausgewogene Verhaltensweise sowie harmonisches Eingegliedertsein im schicksalsmäßigen Ablauf der Daseinsentsprechungen. Der Handeigner verfügt über ein glückliches Naturell und hat die Möglichkeit und die Gabe, Widerwärtigkeiten, Schwierigkeiten und Probleme in der Aufgabenstellung des Lebens zu erkennen und weitgehendst zu meistern.
In der verstärkt abfallenden Bogenentsprechung sind gegensätzliche Aussagen zu konstatieren. Im tiefen Ansatz, in diesem Falle vornehmlich des Jupiter- und Merkurfingers, zeigt sich ein »Absinken« der nach Geistigkeit strebenden Finger in stoffverhafteter Schwere.
Für den Jupiterfinger bedeutet diese Ansatzentsprechung, die gleichzeitig mit einer Einengung des Jupiterberges einhergeht, Repräsentativeinbußen der Selbstdarstellung und der

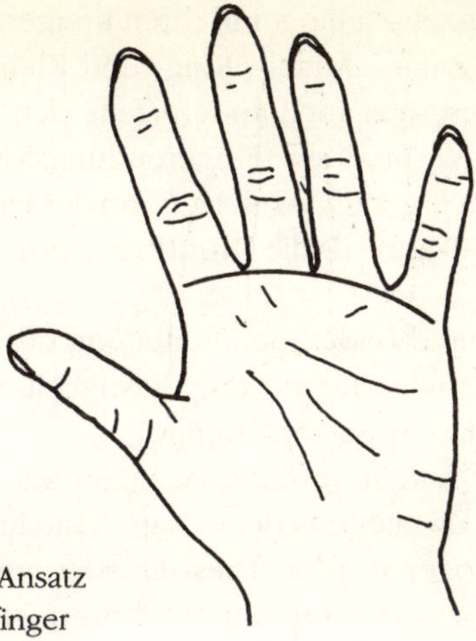

Abb. 15: Tiefer Ansatz nur bei Merkurfinger

Selbstbewußtheit. Es zeigen sich oft glücklose Wesensentsprechungen, die im Erfassen, in der Meisterung der auftretenden Aufgabenstellungen zu Fehlhandlungen führen (Abbildung 14).

Im vertieften Merkurfingeransatz kann eine Kommunikationsunlust angezeigt sein. Gleichzeitig zeigt sich aber ein verstärkter Anreiz, im geschäftsmäßigen Bereich Aktivitäten zu entwickeln, die im materiellen Erfolg ihren Niederschlag finden (Abbildung 15).

Die Fingerendungen (Formen)

Analog zu den drei Grundhandformen Spatelhand, eckig und konisch zeigen sich die Fingerendungen. Wie bereits im Kapitel über die Handformen angedeutet wurde, veranschaulichen die Fingerendungsformen im klaren Ausdrucksverhalten die jeweilige Formentsprechung. Dabei kann einerseits eine Kombination der Fingerendungsform mit den Entsprechungen der einzelnen Finger in ihren ureigensten Aussagefähigkeiten als Zeige-, Mittel-, Ring- und Kleinfinger vorgenommen werden, wie auch andererseits sich Deutungsaussagen in der Verbindung Fingerendungsformen zu der Grundhandform ergeben, weil die Form der Finger durchaus eine andere sein kann, als die Grundhandform dies zum Ausdruck bringt.

In der Gesamthand findet die Dreiteilung der körperlichen, der seelischen sowie der auf die Geistigkeit ausgerichteten Gestimmtheit Daseinsentsprechung.

Neben dieser Dreiteilung muß, bezogen auf die Fingerendungsform, die Zweiteilung der Gesamthand im horizontalen Sinne herangezogen werden. Diese Gliederung teilt die Hand in eine Finger- bzw. Rumpfhand. Hierbei ergibt sich eine Aufteilung vom geistig-seelischen zum körperlich-seelischen Bezugsfeld. In beiden Bereichen ist die Seele verbindendes Glied, einmal unter Vormachtstellung des geistigen und einmal in der Dominanz des körperlichen Erlebnisbereiches.

In der Form der Rumpfhand, des Handballens – hier im körperlich-seelischen Bereich – zeigen sich die Anlagen und Fähigkeiten.

Die schicksalsmäßigen Auswirkungsmöglichkeiten liegen im geistigen, im Fingerbereich.

Die Fingerformentsprechungen hinsichtlich spateligem, eckigem sowie konischem Angelegtsein der Fingerendungen können daher zu Deutungsaussagen führen, die mit den Kriterien der Rumpfhandentsprechung, bezogen auf Anlagen und Fähigkeiten, nicht deckungsgleich sein müssen.

Spatel

Energiebezogenheit, aktiver Gestaltungsdrang, zielbewußtes unternehmerisches Denken führt zu Unabhängigkeit. Streben nach Vormachtstellung, Beachtung und Anerkennung, verbunden mit einer ehrgeizigen Willensbezogenheit, sind

Garant für gesellschaftliche Herausstellung. Robustheit, gute gesundheitliche Konstitution, intensive, ausdauernde Arbeitsintensität sind Voraussetzung im Erfassen und Wahrnehmen materiell ausgelegter Erfolgsmöglichkeiten.
Im Negativbereich leben sich rücksichtsloser Geltungsdrang, Anmaßungsbestrebungen und arrogante Selbstbespiegelungen aus.

Eckig

In der eckigen Fingerform liegt Festigkeit, Beharrlichkeit, Geduld. Diese Eigenschaften prädestinieren zur Beständigkeit.
In der gesellschaftlichen Einordnungsbereitschaft manifestieren sich realistische Formgebundenheit, Pflichtempfinden, angestammte Systemtreue, Vernunft und Besonnenheit.
Die beruflichen Auswirkungsmöglichkeiten halten sich im machbaren Realbereich. Sie sind gehalten an Vorschriften und Ordnungsmaximen. Nüchterne Erfolgskonzepte finden oft existentielle Formentsprechung in der Teambezogenheit.
Negativ können vorgefaßte Meinungen, Halsstarrigkeit, Übervorsichtigkeit, Kleinlichkeit und selbstzerstörerische Mißmutigkeit die anlagebedingten Auswirkungsmöglichkeiten in Frage stellen.

Konisch

Die konische Fingeraussage symbolisiert Sehnsucht nach Harmonie, nach innerem und äußerem Frieden, Toleranz, Anpassung, Anschmiegsamkeit sowie Einfühlungsvermögen in die Belange anderer. Sie wirkt sich daher nach außen in uneigennütziger Hilfsbereitschaft sowie einordnungsbereiter Du-Bezogenheit aus.
Im beruflichen wie auch gesellschaftlichen Daseinsentsprechen sind vielfach karitative Ambitionen angezeigt. Materielle Interessen sind weniger ausgeprägt und können zu untergeordneten Berufsentsprechungen und zur Abhängigkeit

führen. Andererseits liegen in der Phantasiekraft, dem Schönheits- und Geschmacksempfinden, den künstlerischen Belangen Wertentsprechungen, die in dieser Fingerform den Handeigner im Leben hoch herausstellen können und Berühmtheit erlangen lassen.
Negativbezogen sind Luxusliebe und Schöngeisterei, Verschwendungssucht und Ausnutzungsbereitschaft sowie vielfach Mangel an Glauben in die eigenen Fähigkeiten angezeigt.

Mischformen

Wie bereits angedeutet wurde, können Finger im vielgestaltigen Sinne andere Formen annehmen, als die Grundhandform dies zum Ausdruck bringt. Grundsätzlich kann jeder einzelne Finger jede der drei Grundhandformen ausdrücken. In der Regel ist dies allerdings nicht der Fall. So weisen Ring- und Mittelfinger meist gleiche Formationen auf, desgleichen Zeige- und Kleinfinger. Ring- und Mittelfinger sind dabei meist spatelförmig oder eckig ausgelegt, während Zeige- und Kleinfinger in diesem Fall konische Formentsprechungen aufweisen.
Selbstverständlich können andere Mischformen auftreten, wobei beispielsweise der Mittelfinger nur in äußerst seltenen Ausnahmefällen die konische Form zum Ausdruck bringt – und wenn, dann negativbezogen.
Im gleichen Sinne sind Spatelendungen an Zeige- und Kleinfinger nicht die Regel.
In dem Mischungsverhältnis liegt der gesunde Lebensfluß, der in der Fingerformentsprechung die grundlegenden Auswirkungsmöglichkeiten im Schicksalsablauf existent werden läßt, während die anlagebedingten Daseinsentsprechungen in der Grundhandform, der Ausbildung der Handberge und Handlinienzeichnungen festgeschrieben sind.
Es würde in diesem Rahmen zu weit führen, Deutungsaussa-

gen bezüglich Fingerendungsformen zu der Grundhandform zu interpretieren. Die Fingerendungsform in Verbindung mit den Fingeraussagen sei jedoch in einem Beispiel, hier den Ringfinger betreffend, aufgeführt, dies einmal in Spatelform, einmal konisch und einmal in der eckigen Form.

Unter anderem symbolisiert dieser Finger in seiner Ausdrucksfähigkeit die Selbstdarstellung im künstlerischen Bezugsfeld. Sofern die Aussagen der übrigen Hand diese künstlerischen Ambitionen erkennen lassen, werden sich diese Talente auch ausleben.

Bei der konischen Fingerentsprechung erfahren die Neigungen einen idealistischen Einschlag. Die Kunst wird um der Kunst willen empfunden, erlebt und eventuell ausgeübt. Der Handeigner lebt im Schöngeistigen, in der künstlerischen Begeisterungsfähigkeit, im Rezeptiven, oft im abstrakten Kunstempfinden.

Die eckige Form drängt zum Gestalten, zur Formung im Künstlerischen. Im Bestreben nach Realisation im ausübenden, darstellenden Sinne erfahren die Talente eine wirklichkeitsbezogene, lebensnahe Ausdrucksform.

In der spateligen Fingerendung versammeln sich starke Impulse, die im künstlerischen Bestreben Beachtung, Anerkennung und gesellschaftliche Vormachtstellung beanspruchen. Die Kunst wird zum Machbaren, zum Objekt materiell umsetzbarer Werterlangung.

Die vorbezeichneten Kombinationen können im umfassenden Sinne naturgemäß auf alle anderen anlagebedingten Entsprechungen, den Ringfinger betreffend, Anwendung finden, also auf Idealbezogenheit, Lebensfreude, Ästhetik sowie Streben nach Würden, Ehren und geistiger Freiheit.

In der gleichen Verfahrensweise lassen sich die anderen Finger deuten. Darüber hinaus ergeben sich zusätzliche Deutungsaussagen, wenn man die glatte bzw. knotige Fingerform komplexhaft einbezieht:

- Spatel und glatt: Der aktive Gestaltungsdrang kann künstlerische Neigungen beinhalten, die zum Ausleben drängen. Das unternehmerische Denken unterliegt einer intuitiven Verhaltensweise in der Zielsicht spekulativer, ideeller wie auch materieller Wertansammlung.
- Spatel und knotig: Die Realisationsmöglichkeit im Außen gründet sich auf praktisches, realbezogenes, ganz auf die Materie und materielles Kalkül ausgerichtetes Denkverhalten.
- Eckig und glatt: Die glatte Fingerform lockert die starren, maximegebundenen, streng realbezogenen Daseinsformen auf und führt zu Ausdrucksformen, die oft in der ausübenden, darstellenden Kunst ihren Niederschlag finden.
- Eckig und knotig: In der knotigen Formgebung erfahren die strengen, auf Exaktheit und Nüchternheit ausgerichteten, verstandesmäßig und intellektuell fixierten Existenzentsprechungen Realisationstendenz.
  Diese Handeigner sind oft wissenschaftlich tätig, wobei die exakten Wissenschaften Vorrang genießen. Auch Ärzte, Chirurgen, Hochschuldozenten findet man unter ihnen.
- Konisch und glatt: Hohe Idealbestrebungen, Schöngeistigkeit, inspirative Eingebungen, Geschmack und Liebe zu allem Schönen, Reinen, Guten sind Attribute dieser Handeigner. Künstlerische Ambitionen sind stark ausgeprägt, können ausgelebt werden und stellen diese Handeigner oft im Leben heraus.
- Konisch und knotig: Durch den knotigen Einschlag finden die oft lebensfremden und lebensuntüchtigen Verhaltensweisen eine gehaltene, materiell abgesicherte Existenzgrundlage. Die künstlerisch ausgelegten Talente verlagern sich auf den schöpferischen Bereich. Philosophische Denkentsprechungen lassen Gelehrte, Mimen und Charakterdarsteller im Leben hervortreten.

Fingergliederentsprechungen

Im Abschnitt Fingerentsprechungen wurde die Aussagefähigkeit der einzelnen Finger angesprochen. Im Nachstehenden soll der Vollständigkeit halber auf die Entsprechungen der einzelnen Fingerglieder eingegangen werden.
Wie gesagt, repräsentiert der Zeige- bzw. Jupiterfinger die Selbstdarstellung des Handeigners in der sozialen Gesellschaft. Er steht für Gerechtigkeitsempfinden, Glaube, Religiosität, Wahrheitsliebe, Ehrgefühl, Würde, Rechtschaffenheit, Ritterlichkeit, Hilfsbereitschaft, soziale Einordnungsbereitschaft, Autorität, Machtanspruch und Verlangen nach Ehren und Auszeichnungen. Die einzelnen Fingerglieder haben einen Bezug zum geistigen, seelischen und körperlichen Aussagebereich. Demnach ist das Nagelglied des Jupiterfingers der geistigen Phalanx zuzuordnen und beinhaltet demnach intellektuelle Interessen in einer höheren, ideologischen Lebenserfüllung.
Bei einem längeren, d. h. betonten Nagelglied des Jupiterfingers gegenüber Mittel- und Wurzelglied bedeutet dies eine Charakterveranlagung, die sich in Religiosität, Hilfsbereitschaft, Würde, Ritterlichkeit und Glaube auslebt.
Interessant ist es bei dieser Gelegenheit, festzustellen, daß hinsichtlich der Charakteristiken, bezogen auf die einzelnen Fingerglieder, diese konform gehen mit den Formaussagen konisch, eckig und spatelförmig. Dabei entspricht die konische Aussageform der Betonung des Nagelgliedes. Ist das Mittelglied länger als die beiden anderen Fingerglieder, so kommen die eckigen Entsprechungen zum Ausdruck. Spatelförmig geht konform mit dem Wurzelglied.
Doch nun zu den Deutungsaussagen, die sich auf das Mittelglied des Jupiterfingers beziehen.
Längere Mittelglieder veranschaulichen als Seelenbereich starke Seelengebundenheit in einer Vorstellungswelt des Ge-

staltens, des Formens im mehr realbezogenen, objektiven Ausleben der praktischen, bewußtseinsnahen Anlagen. Bei Vormachtstellung dieses Gliedes ergeben sich Rechtschaffenheit, soziale Einordnungsbereitschaft, Wahrheitsliebe sowie Verläßlichkeit.

Im längeren Wurzelglied manifestiert sich Ursprünglichkeit im sinnenhaften körperlichen Erleben, die Tendenz der Umsetzung und der materiellen Nutzung der in den oberen Gliedern angezeigten Anlagen und Fähigkeiten.

Ist also das Wurzelglied dominant, werden Autorität, Machtanspruch, Verlangen nach Ehren und Auszeichnungen und letztlich auch wirtschaftliche und soziale Vormachtstellung ausgeprägt sein.

Der Saturnfinger steht für die Selbstdarstellung im Verantwortungs-, Leistungs-, Pflicht- sowie Verwirklichungsbereich. Er prädestiniert zu Pflichtbewußtsein, Verantwortungsempfinden, Fleiß, Zuverlässigkeit, Leistungsstreben, Ausdauer, Zielstrebigkeit, Zähigkeit, Konzentration sowie ökonomischem wie auch materiell ausgerichtetem Denkverhalten.

Im länger ausgelegten Nagelglied des Saturnfingers, hier bezogen auf das Ausdrucksverhalten im Geistbereich, liegt eine Auflockerung der ernsten Lebensaufgaben.

Pflichtbewußtsein, Zielstrebigkeit und Leistungsstreben sind angezeigt.

Das längere Mittelglied des Saturnfingers veranschaulicht Verantwortungsempfinden, Konzentration, Zuverlässigkeit und vorsichtiges Kalkül in ökonomischen Fragen.

Beim längeren, betonten Wurzelglied des Saturnfingers haben Ausdauer, Zähigkeit, Arbeitsintensität sowie materielles Denk- und Ausdrucksverhalten Vorrangstellung.

Der Ring- bzw. Venusfinger symbolisiert im ethischen Sinne die Selbstdarstellung des Handeigners in harmoniegebundener, ideeller, künstlerischer Erlebnisfähigkeit. Er gibt Schönheitssinn, Lebensfreude, Sympathieempfinden, Fröhlichkeit.

Streben nach geistiger Freiheit, Würden, Ehren und Ruhm sind Attribute eines starken Ringfingers.
Im längeren Nagelglied finden sich geistige Freiheit, Idealbestrebungen, Schönheitssinn, Kunstempfinden und Fröhlichkeit.
Ein längeres Wurzelglied steht für Lebensfreuden und Vergnügungen, für die Ausübung künstlerischer Ambitionen im gleichzeitigen Streben nach Würden, Ehren und Ruhm.
Im Merkurfinger drückt sich Intellektualität, Kommunikationsbereitschaft, geistige Kraft, Instinktsicherheit, Ausdrucksfähigkeit in Rede, Wort und Schrift, Wissenschaftlichkeit sowie Talent für Handel und Geschäftstüchtigkeit aus. Er vermittelt aus diesen Gegebenheiten die Fähigkeit zur Erlangung materieller Werte.
Im langen Nagelglied liegen geistige Kraft, Talente für Rede, Wort und Schrift sowie Instinktsicherheit.
Das längere Mittelglied verleiht wissenschaftliche Begabung, Intellektualbestrebungen sowie Kommunikationsbereitschaft.
Ist das Wurzelglied betont, so treten Talente für Handel, Management sowie geschäftliche Aktivitäten in Erscheinung. Zielsetzung ist die Erlangung materieller Werte.

Die Fingerlinien

Auf der Innenseite der Finger zeichnen sich, insbesondere bei linienreichen Händen bzw. bei Händen, die einer höheren Daseinsentsprechung verhaftet sind, sowohl Längs- wie auch Querlinien ein. Die Längslinien, die in ihrer Verlaufsrichtung vom stofflichen Bereich in den oberen geistigen Bereich emporgeführt werden, sind in diesem Sinne als günstig anzusehen. Die Querlinien, in ihrer horizontalen Linienführung, unterliegen dem statischen Prinzip und damit der Erd-

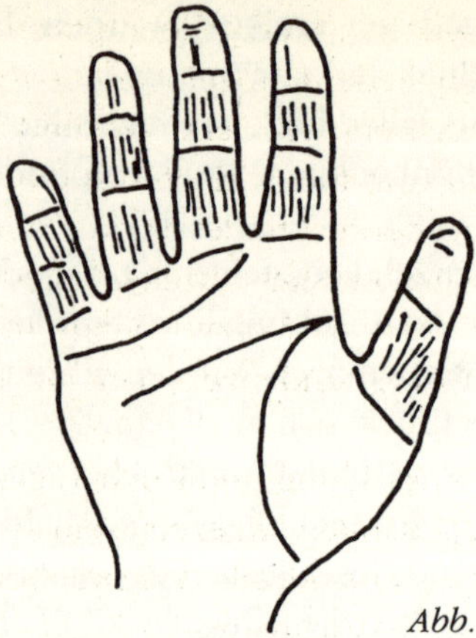

Abb. 16: Fingerlinien

verhaftung, der Schwere, der Unterwerfung in die Schicksalsentsprechungen.

Längslinien veranschaulichen Begabungen im höheren Erkenntnisbereich und geben somit Fähigkeiten, die angezeigten Talente einer Verwirklichung, einer Entsprechung im Erfolgsleben zuzuführen.

Querlinien ergeben Hemmungen, Schwierigkeiten, die in Verbindung mit den eingezeichneten Längslinien, im Erkennen schicksalhafter Daseinsentsprechungen, überwunden werden müssen.

Gitterzeichnungen, das sind sich kreuzende Längs- und Querlinien, sind ausschließlich als ungünstig anzusehen. Sie finden sich oft auf dem Nagelglied des Saturnfingers. Sie unterstreichen hier die Schwere, die im Schicksal verhaftete Daseinsform.

Sind dabei die Entsprechungen im Gesamthandbereich negativ ausgelegt, so können sich schlechte Charaktereigenschaften und die Neigung zu Schwermut und Depressionen ergeben.

Diese gleichen Schicksalseinwirkungen, also Schwermut und

Depressionsneigungen, sind gegeben, wenn sich Querlinien auf den Daumengliedern einzeichnen. Große Gefahrenmomente treten auf, wenn auf dem zweiten Daumenglied eine starke, manchmal rundum verlaufende Querlinie vorhanden ist. In dieser Gegebenheit findet eine Verwirrung der normalen Verstandestätigkeit statt (zweites Glied des Daumens = Verstand) und kann zu Verzweiflungstaten, Katastrophen und Selbstzerstörungstendenzen, u. a. mit Todesfolgen, einhergehen.

Bei schwacher Ausbildung und Kürze dieser Querlinie können Selbstmordgedanken angezeigt sein. Zeigt sich dagegen eine Doppellinie, so sind die Gefahrenbereiche im vorbezeichneten Sinne fast zwingend.

In der alten Literatur sollen wellenförmige Linien, die sehr selten auftreten, Gefahren mit Wasser und kettenförmige Linien Gefahren mit Gas ausdrücken.

Wie eingangs angeführt, zeigen sich bei Händen höherentwickelter Individuen zahlreich eingezeichnete Linienformationen, vornehmlich in vertikaler Verlaufsrichtung, auf den verschiedenen Fingergliedern.

Die Deutungsaussagen sind bezogen auf die Aussageentsprechung des jeweiligen Fingers und Gliedes.

Der Vollständigkeit halber sei abschließend noch auf Querlinien eingegangen, die sich auf den oberen Gliedern des Jupiter- bzw. Merkurfingers befinden.

Auf dem Jupiterfinger tendieren diese Querlinien in erster Linie zu Unaufrichtigkeiten, die sich zu Wichtigtuerei, Prahlsucht und Übertreibungen ausleben. Gestörtes Rechtsempfinden kann ebenfalls angezeigt sein.

Beim Merkurfinger ist bei Querlinien auf dem Nagelglied von negativen Charakterentsprechungen auszugehen, die Lügenhaftigkeit und Wankelmütigkeit beinhalten. Die Neigung zum Täuschen und zu unlauterem Geschäftsgebaren ist ebenfalls vorhanden.

Die Tautropfen

Tautropfen sind anmutige Erhöhungen, die an den inneren Fingerendgliedern plastisch in tropfenähnlicher Form ausgebildet erscheinen.
In der anmutigen Formgestaltung, die der Fingerendung im ästhetischen Sinne eine seelenvolle Abgerundetheit verleiht, liegt die Aussagekraft in diesen Entsprechungen.
Im leichten Angedeutetsein, im feinen Hervortreten der Formung äußert sich die Beschwingtheit feingeistiger Empfindsamkeit. In der gleichzeitigen Verhaltenheit seelischer Wesensentsprechung liegt ahnendes, psychologisches Erfüllen der höheren Lebensentsprechungen, liegt verfeinertes Taktgefühl und die Anpassung und die damit gleichzeitig »erfüllte« Eingebundenheit in die kosmischen Prinzipentsprechungen.
Die Tautropfen werden vielfach als die »Augen der Blinden« bezeichnet, was ihrer hochentwickelten Feinfühligkeit Rechnung trägt.
Wenn an dieser Stelle auf die ausgeprägten dicken Fingerpolster des dritten, also Wurzelgliedes der Finger eingegangen wird, so deshalb, um auch hier wieder die Unterschiedlichkeit zwischen Geistentsprechung (Nagelglied) und körperlicher Wesenheit (Wurzelglied) zu dokumentieren.
So zeigen sich in der vollen Abgerundetheit des Wurzelgliedes Luxusliebe, Genußliebe, Vergnügungsfreuden, das Bedürfnis zur Erlangung der irdischen, materiellen Wertvorstellungen.

Weitere Finger- und Handentsprechungen

Im weiteren Deutungsbereich der Hand- und Fingerentsprechungen sei auf einige weitere Charakteristiken in der Prinzipaussage und im Anwendungsbereich der Handanalyse eingegangen:

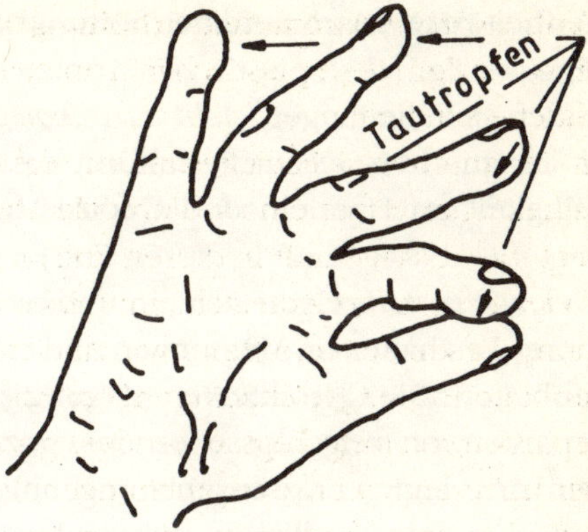

Abb. 17: Tautropfen

Läßt sich die Hand *fächerförmig leicht spreizen* und gestaltet sich hierbei der Abstand zwischen Daumen und Merkurfinger in der Ausdehnung im gleichen Verhältnis wie die Länge der Gesamthandfläche, gemessen von der Handwurzel bis zur Spitze des Saturnfingers, so haben wir eine Konstellation, die diesem Handeigner einen erweiterten Spielraum sowie größere Freiheitsentsprechungen in der Aufgabestellung und der Daseinsbewältigung einräumt.

In der Großzügigkeit, der Weite der Gedankenauslegungen, im offenen, wahrheitsverhafteten Auftreten liegt die Wurzel zu einem glückentsprechenden, positiv ausgelegten Erfolgserlebnis.

In der verringerten Spannweite liegen naturgemäß verringerte Möglichkeiten des freiheitlichen Auslebens der im Leben vorgezeichneten Aufgabenstellungen. Im Wesen zeigt sich daher Ängstlichkeit, Vorsicht, Verschlossenheit, es zeigen sich vorgefaßte Meinungen und zögerndes Verhalten im Angehen der erfolgversprechenden Entwicklungsmöglichkeiten.

Deutungen in bezug auf die Anpassungsbereitschaft im täglichen Auseinandersetzen mit der Umwelt zeigen sich in der Steifheit bzw. geschmeidigen Bewegtheit der einzelnen Finger.

Lassen sich die Finger *leicht zurückbiegen*, liegen außerdem diplomatisches Geschick, Einfühlungsvermögen und Großzügigkeit im Handeln und Geöffnetsein im Seelenbereich vor.

In der *Starrheit* zeigen sich ein undiplomatisches Verhalten, starres Festhalten an Meinungen und eingefleischten Gepflogenheiten. Die Charakterveranlagung entspricht einer unangepaßten, oft verschlossenen, im egozentrischen Verhaftetsein angelegten Wesensentsprechung. Gleichzeitig ist im Positiven eine gradlinige, unbeeinflußbare Daseinsbewältigung gegeben.

Kapitel 3

Die Fingernägel

Die drei Grundhandformen wie auch die Fingerentsprechungen zeigen sich im erweiterten Sinne in den Fingernagelformen.

Die Spatelform entspricht der Dreiecksform des Nagels. Hierbei findet eine vom Nagelbett (Ansatz) aus gesehene Verbreiterung nach der Fingerendung statt. In dieser Form liegt sichtbar der nach außen gerichtete Expansionstrieb. Regsamkeit, Tätigkeit, Aktivität, gesundes, unmittelbares Erfassen materieller und wirtschaftlicher Möglichkeiten erleben eine im Gegenständlichen sich auslebende Daseinsentsprechung. Undiplomatische Unmittelbarkeit, verletzende Direktheit, Ungeduld und Unduldsamkeit liegen im negativen Aussagebereich.

In der rechteckigen Nagelform stellt sich die Verbindung zur eckigen Grundhandform dar. Im Rechteck liegt auch hier die Begrenzung im realgebundenen Sinne. Im Ordnungsstreben, im methodischen Verfolgen vernunftbezogener Zielvorstellung, im irdischen und gesetzesmäßigen Verhaftetsein liegt nüchternes, besonnenes Verwirklichungsstreben.

Negative Aussagen ergeben sich im engen, begrenzenden Sinne. In Kleinlichkeit, Pedanterie, im moralischen Gehabe, im kleinbürgerlichen, bürokratischen Verhalten und an althergebrachten Regeln sich orientierend, im Zurückdrängen der Gefühle machen diese Handeigner sich das Leben zum Problem.

Die Analogie zum konischen Bild der Nagelentsprechung zeigt sich in der ovalen Form. Im Ovalen liegt harmonisierende, gefühlsintensive Abgerundetheit. Ästhetik, Freude am Schönen, Wahren, Guten, Aufgehen im Du lassen diese Menschen zu Idealisten im schöngeistigen Erleben emporsteigen. Lebensuntüchtigkeit, bezogen auf die nüchternen, berechnenden, egozentrischen Aufgabenstellungen der Lebenstüchtigen, kann angezeigt sein, wird aber oft im seelisch starken Erleben und im geistigen Erkenntnisbereich, im höheren Sinne, zur untergeordneten Daseinsentsprechung.

Weitere Fingernagelformen ergeben sich, neben den zuvor beschriebenen Formen, in der Zeichnung des kurzen, des mittellangen und des langen Nagels. In diesen Nagelentsprechungen verhält sich der kurze Nagel analog zum spateligen Aussagefeld, der mittellange Nagel korrespondiert mit der eckigen Form, und der lange Nagel hat Bezug zur konischen Entsprechung.

Die Nagelgröße wird bezogen auf die angewachsene Fläche des Nagels zum oberen Fingerglied. Die *normale* Länge des Nagels entspricht hierbei der Hälfte vom Endglied des jeweiligen Fingers.

Im kurzen Nagel, der also kürzer als der normale Nagel ausgebildet ist, zeigt sich die Spatelveranlagung im stofflichen, materiegebundenen Lebensbereich. Der Handeigner ist verwurzelt in einer praxisbezogenen, lebensnahen, naturverbundenen Daseinsentsprechung, im Durchsetzungsbestreben eines vitalgesteuerten Daseinsempfindens. Er reagiert instinktsicher und unmittelbar.

Negativentsprechungen sind Ungehemmtheit, verbunden mit zeitweiligem jähzornigem Aufbegehren sowie Gefühlsschwankungen, die von blindwütigem Überrennen der realbezogenen Lebensformen in ängstliche Verzagtheit der existentiellen Lebenstüchtigkeit einmünden.

Der *mittellange*, in der »eckigen Aussagekraft« verhaftete Nagel symbolisiert geistige Wißbegier, wissenschaftlichen Forschungsdrang und methodische, analytische Verhaltensweise im verstandes- und vernunftbezogenen real empfundenen Ausdrucksfeld.

Die mittlere Fingernagelentsprechung, die in etwa der Normalform gleichkommt, ergibt naturgemäß ausgleichendes Harmonieverlangen zu den Grundformen. Sie entbehrt jedoch einer sowohl im Konischen zum Ausdruck gelangenden idealistischen Aufgelockertheit im universellen Geistigen wie auch der im Spatelförmigen sich ausprägenden enthusiastischen, drängenden, lebensbejahenden, freudigen Grundgestimmtheit.

In der *langen* Nagelform, die dem konischen Prinzip entspricht, liegt schöpferische Empfindsamkeit, transzendentales Entgrenzen im seelischen, geistigen, unwirklichen Daseinsempfinden. In der synthetischen Zusammenfassung einer Allbewußtheit manifestiert sich die Erkenntnisfähigkeit einer höheren Lebensbewußtheit. Der Handeigner verfügt über Taktgefühl, verfeinerte Lebensformen, verliert sich jedoch in vertrauensseliger Leichtgläubigkeit, Unklugheit und ausnutzungsbereiter Naivität.

Neben den zuvor bezeichneten Nagelformen ergibt sich eine weitere Formgestaltung bezüglich Breite und Schmalheit bzw. Normalauslegung. Auch hier zeigt sich wieder einmal die Dreiheit, wobei der breite Nagel der Materie zugerechnet werden muß, die Normalausführung mit der Geistigkeit in Übereinstimmung gebracht werden kann und der schmale Nagel mehr dem Seelenbereich entspricht.

Im *breiten* Nagel zeigt sich daher eine materialistische Typisierung, verbunden mit starker Körperkraft, oft brutalem Durchsetzungsverhalten, Eigensinn, manchmal Uneinsichtigkeit und Dominanzbestreben.

In der *Normalausführung*, die sich aus Breite und Schmalheit ergibt, liegt in der geistigen Entsprechung eine Auflockerung, eine Beschwingtheit in den Lebensabläufen. Der Handeigner unterliegt idealistischen Bestrebungen, ist hoffnungsfreudig, zukunftsorientiert, liebt alles Schöne, verbunden mit künstlerischen Ambitionen. Ausnutzungsbereitschaft infolge Großmütig- und Großzügigkeit, Schwankungen im Durchsetzen der einmal gefaßten Vorsätze sind Negativpunkte.

Der *schmale* Nagel, dem Seelenbereich zuzuordnen, verkörpert Empfindsamkeit, Gefühl, Phantasie, Einfühlungsvermögen, Zartheit. Zögerndes Verhalten, mangelnde Energie und schwankendes Durchsetzungsbestreben, Verletzlichkeit sind angezeigt. Der Handeigner, der aus dem seelischen Bereich unterbewußte Kräfte mobilisieren kann, sollte diese Gabe nutzen, die negativen Daseinsformen zu verbessern, um dadurch angestrebte Ziele im positiven Sinne realisieren zu können.

Eine weitere Fingernagelentsprechung, auch hier auf die Dreiheit bezogen, beinhaltet die Konsistenz des Nagels. Wir unterscheiden zwischen harten, elastisch-festen und dünnen, weichen Nägeln.

Harte Nägel veranschaulichen Materiegebundenheit. Sie geben körperliche Robustheit, Vitalität, Ausdauer, Stärke sowie unmittelbare Antriebsbereitschaft. Besitzergreifungstendenzen, manchmal verbunden mit Roheit, grobem Gefühl und stark sinnlich gesteuertem, sexuellem Ausleben, sind im Leben zu bewältigen.

Feste, elastische Nägel geben Festigkeit im Charakter, Elastizität, Gradlinigkeit, Zuversicht, Streben sowohl im geistigen Erkennen der Daseinsentsprechungen wie auch im intelligenzmäßig ausgelegten Bereich der Lebensinteressen.

Die *dünnen, weichen* Nägel gehen konform mit Zartheit sowohl in der Konstitution wie im anlagebedingten Wesensbereich. Sie machen empfindsam, anlehnungsbedürftig, manchmal unselbständig. Es fehlt an der Unmittelbarkeit sowie Entscheidungsfreudigkeit im Angehen der täglich anstehenden Lebensaufgaben.

Die Fingernägel, die im Vorstehenden die charakterlichen

Entsprechungen zum Ausdruck brachten, sagen auch viel über mögliche Krankheiten des Handeigners aus. In einem späteren Kapitel wird darauf ausführlicher eingegangen. Wenn im Anschluß trotzdem auf einige Krankheitsmerkmale eingegangen wird, so an dieser Stelle nur deshalb, weil diese gleichzeitig Charakterveranlagungen ausdrücken.

So veranschaulicht *Gelbfärbung*, die mit Gallen- und Leberstörungen einhergeht, ein galliges, reizbares Wesen (die Galle geht ins Blut). Zorn, Zanksucht, Neidanwandlungen und depressive Neigungen sind angezeigt.

Bleiche, weiße Nägel, die schlechte Blutbeschaffenheit signalisieren, geben wenig Impulskraft. Der Mensch mit solchen Nägeln ist ruhig, leicht ermüdbar und neigt zu Bequemlichkeit.

Rosa gefärbte Nägel garantieren normalerweise eine gesunde Konstitution. Hautempfindlichkeit ist angezeigt, manchmal Disposition zu Erkrankungen der Luftwege. Ist bei dieser Rosafärbung die Form des Nagels mandelförmig, so ergibt sich eine Veranlagung zu Stoffwechselstörungen und Nierenanfälligkeiten. Diese Handeigner sind feingeistig, haben idealistische, intellektuelle Bestrebungen, lieben gesellschaftliche Etikette und die schönen Seiten des Lebens.

Stärker ins Rot gehende Nagelfärbungen geben Blutfülle. Diese Menschen reagieren polternd, unkontrolliert, wenn gereizt, gemeingefährlich.

Blaufärbung gibt Kohlensäurebelastung, daher schwache Blutzirkulation, Kreislauf- und Herzschwäche, abnehmende Lebenskraft. Es zeigen sich Schwermut, Niedergeschlagenheit, melancholische Anwandlungen und Lebensverneigungstendenzen.

Auch in der Formgestaltung der Nägel ergeben sich Sonderformen, die im Deutungsbereich, sowohl im krankheitsbezüglichen wie auch charakterlichen Bezugsfeld, Analogien aufweisen.

Im krassen Ausdrucksverhalten zeigen sich hierbei die in der Längsrichtung gekrümmten Nagelformationen. Man könnte sie als die Nägel des Tartüff bezeichnen. Sie disponieren zu Lungenleiden, insbesondere zu Lungenasthma. Diesbezüglich geben sie eine permanente Ängstlichkeit aus dem Gefühl der Beengtheit, die sich auch im Handinnern im engen Abstand zwischen Herz- und Kopflinie zeigt. In dieser Beengtheit offenbart sich die Tendenz der Eigenbezogenheit, die sich bis zur Manie der Raffgier steigern kann.
Die Krümmung der Nägel in Form eines Uhrenglases gibt starke Disposition zu akuten Lungenleiden. In der charakterlichen Entsprechung liegt im Stadium der Erkrankung der Drang zu verstärkter Sinnlichkeit bis zur sexuellen Ausschweifung.

Kapitel 4

Der Daumen

Der Daumen ist der »Chef«. Er vermittelt alle verfügbaren Möglichkeiten im Durchleben der diesseitigen Daseinsentsprechungen. Was er nicht gibt, können alle Anlagebedingungen der Gesamthand nicht realisieren. Er steht als Gegenpol den vier Fingern der Hand gegenüber. In seinem Funktionsbereich liegen alle Entsprechungen, die den Menschen vom nächsthöher entwickelten Wesen, dem Tier, unterscheiden. Symbolhaft liegt im universellen »Greifeffekt« der Hand, der nur im Vorhandensein des Daumens gegeben ist, die Wurzel, im Bestreben zur stetigen Weiterentwicklung im irdisch ausgelegten Lebensfluß.

Eine Hand ohne Daumen reduziert nicht nur im verstärkten Maße die körperliche Ausdruckskraft, sie vermindert zumindest im gleichen Umfange willentliches Durchsetzungsverhalten und seelisch bedingtes Lebensbewußtsein. Wohl in der Bewußtheit dieser Tatsache hat man im Altertum den Gefangenen die Daumen abgeschnitten, um sie kampf- und widerstandsunfähig zu machen.

Der Daumen ist die Selbstdarstellung des Menschen im Lebensprozeß. Er repräsentiert Lebenswille und Arterhaltung. Im alten Rom war der Daumen bei den Gladiatorenkämpfen signifikant für Tod oder Leben. Der nach oben gerichtete Daumen des Herrschers rettete das Leben des Unterlegenen; nach unten, zur irdischen Vergänglichkeit gerichtet, verkündigte er das sofort zu vollstreckende Todesurteil.

Von alters her hat man dem Daumen keine Planetenentsprechung zugeordnet. Geht man davon aus, daß sich im Daumen Wille, geistige Kraft, Streben und Tat (= erstes Glied), Verstand, Vernunft, seelische Präsenz und damit die Vorstellungswelt und das Bewußtsein (= zweites Glied) sowie Vital- und Sexualkraft, Lebenstrieb und Erhaltung (= drittes Glied, Daumenballen) realisieren, so müßte man dem Daumen drei Planetenprinzipien zuordnen.

In dieser Zuordnung regiert *Mars* (= Wille, Tat) über das erste Daumenglied. Der *Mond* als Repräsentant für die seelische Präsenz, die Bewußtheit, die Vorstellungswelt, in der Vernunftbezogenheit, ist Regent über das zweite Daumenglied. Das dritte Daumenglied, der Daumenballen, wird von der *Sonne* (= Vital- und Sexualkraft sowie Lebenserhaltungstrieb) beherrscht. Später wird auf die Gesamtaussagekraft sowie Planetenzuordnung des Daumenballens (Thenars) aber noch differenzierter eingegangen.

Die Dominanz des Daumens liegt in der Beschaffenheit. Die Beschaffenheit richtet sich nach Größe, Breite, Volumen. Demnach repräsentiert ein *großer* Daumen Größe, starkes Ich-Bewußtsein, zielstrebigen Willen, Tatkraft, Mut, Selbstsicherheit, Widerstandskraft, Führungstendenzen, Überzeugungskraft und Vertrauen in die eigenen Fähigkeiten und Talente. Der *kleine* Daumen, der den Ansatz des unteren Zeigefingergliedes kaum überragt, veranschaulicht wenig Durchsetzungskraft. Verhaltenes, zögerndes, oft verzagendes Angehen der täglich anstehenden Problemfälle sind vielfach angezeigt.

Hinsichtlich der Größenverhältnisse im Daumenbereich muß hier, bevor weitere Entsprechungen abgehandelt werden, eine Differenzierung zwischen Männer- und Frauenhand erfolgen. Dabei treffen die vorstehend gemachten Entsprechungen, bezogen auf Größenordnung, bei Männerhänden im Regelfall zu. Bei Frauenhänden bedeutet der kleine Daumen nicht unbedingt zögernde Verhaltensweise und mangelndes Durchsetzungsverhalten. Hier liegen die Unterschiede in der

Verhaltensweise, im Erkenntnisbereich weiblicher, instinktsicherer Seelenverhaftetheit und der damit verbundenen Erfüllbarkeit in der erwünschten Daseinsentsprechung. So sind Frauen mit kleinerem Daumen, insbesondere mit kompakter Hand, entschlußfreudig, beweglich, vielseitig. In der Liebe wechseln starke Leidenschaftlichkeit und Wärme mit kokettierendem Benehmen.

Große Daumen an Frauenhänden symbolisieren neben den Bestrebungen im Dominanzverhalten Fähigkeiten im praktischen Lebensbereich in Verbindung mit Wert- und Statusorientierung.

Die erotischen Verhaltensweisen können tief und stark emotional sein. Sie unterliegen jedoch fast ausschließlich einer vernunftgesteuerten Kontrollfunktion.

Der *dünne* Daumen gibt verfeinerte, diplomatische Tendenzen, sich den harten Daseinsfragen in einer intellektuell ausgerichteten Verhaltensweise zu entziehen. Im *dick* ausgelegten Daumen drückt sich Materialismus, Unmittelbarkeit, vielfach Schwerfälligkeit, aber auch Sinnlichkeit aus. Die *Breite* veranschaulicht Unversöhnlichkeit und Unbeugsamkeit. Gleichzeitig *breit und dick*, tendiert der Daumen in seiner Aussage zu brutaler Heftigkeit, Aggressivität sowie Neid und Haß.

Ist der Daumen in seiner Gesamtheit *starr und unbiegsam*, symbolisiert er Sturheit, hier ebenfalls Unbeugsamkeit, Eigensinn, aber auch Durchsetzungsverhalten im Verfolgen einmal vorgenommener Zielvorstellungen.

Die mannigfachen Charakterveranlagungen, ausgedrückt im Daumen, liegen wie bei den Fingern darüber hinaus in der Verhältnismäßigkeit von Länge und Größe der einzelnen Glieder zueinander. So manifestiert sich im *längeren* und *stärker* ausgebildeten Nagelglied Energie, Wille, Impuls und Tat. Ist das erste Glied dabei *zu lang*, liegen herrschsüchtige Willensimpulse vor.

Keulenförmige Auslegung des ersten Gliedes verheißt Gewalttätigkeit, Rechthabertum, Jähzorn. Diese Form wurde von alters her als »Mörderdaumen« bezeichnet. *Gleichzeitige Breite* des ersten Gliedes veranlagt darüber hinaus zu Haß und Rachsucht.

Ist das erste Glied *spatelförmig*, so macht dies befehlend, gibt starke Energie und materiell ausgerichtete Daseinsentsprechungen. Die *eckige* Endung veranschaulicht praktische Veranlagung sowie Vernunft, mit Wille gepaart. In der *konischen* Formgebung liegt Sanftmut und Feinfühligkeit. Das *spitz* zulaufende Nagelglied macht launisch, frech, aggressiv.

Das erste Glied, *nach außen biegsam*, veranschaulicht Anpassung, Großzügigkeit, aber auch Leichtlebigkeit. Läßt sich das Glied zu weit nach außen biegen, kann Verschwendungssucht, übertriebene Gutmütigkeit, aber auch im Extrem Launenhaftigkeit und unkontrollierbare Erregbarkeit angezeigt sein. Das erste Glied *starr, fest* und *unbiegsam* bedeutet einen starken Eigenwillen und Ichbezogenheit. Das Nagelglied, bei ausgestreckter Hand *nach innen gebogen*, ergibt Vorsicht, Mißtrauen und Sparsamkeit. Das *kurze* Nagelglied symbolisiert Unbeständigkeit, Unentschlossenheit, Beeinflußbarkeit sowie Willens- und Antriebsschwäche. Ist das erste Glied *kurz und dick*, so macht dies eigensinnig, halsstarrig, stur, aber auch sinnlich. Eine kurze und stumpfe Kuppe gibt Umständlichkeit, doch gleichzeitig die Neigung für Präzisionsarbeit.

Im dominant ausgeprägten Mittelglied liegt Vernunftbezogenheit, Überlegung und vorsichtige Abschätzung der Möglichkeiten. Zögernde Ichdurchsetzung und Tatbereitschaft sind Negativpunkte.

Zeigen Mittel- und Nagelglied *gleiche Längenverhältnisse*, so sind harmonische, ausgeglichene Charakterveranlagungen gegeben.

Das *taillierte* Mittelglied veranschaulicht diplomatische Veranlagung, gibt Kultiviertheit, Empfindsamkeit, im negativen Sinne Raffinesse.

Das dritte Glied, das überwiegend den Daumenballen einnimmt, wird, wie bereits angeführt, bei der Deutung hinsichtlich dieses Berges ausführlicher besprochen. Es sei hier nur bereits soviel gesagt, daß ein starkes, langes Wurzelglied, analog zur hier postierten Sonne, gute Lebenskraft, Großmut und Gemütswärme signalisiert. Ist das dritte Glied dabei *voluminös* ausgelegt, so kommen starke Vitalität und Sinnenfreudigkeit zum Ausdruck. Gegenteilige Entsprechungen, also schwache Lebenskraft und herabgeminderte Vitalität sowie nüchtern ausgelegtes Gefühls- und Gemütserleben, ist angezeigt bei einer *schwachen* Auslegung des dritten Daumengliedes.

Weitere Entsprechungen ergeben sich im Daumenansatz. Daumen können im Verhältnis zur Gesamthand tief, mittelhoch und hoch »angesetzt« sein.

Dabei ist der *tief* angesetzte Daumen in der Regel biegsam und gestattet einen großen Zwischenraum zwischen Zeigefinger und Daumenabstand. Je höher der Daumenansatz, je unbiegsamer ist der Daumen ausgebildet.

Die Deutungsaussagen dieser Ansatzentsprechung liegen daher im weitesten Sinne im Rahmen vorbezeichneter Kriterien hinsichtlich Starrheit, Biegsamkeit und Zwischenraum.

Im *tief* angesetzten Daumen realisieren sich demnach Extravertiertheit, Freundlichkeit, Aufgeschlossenheit, Geselligkeit, Großzügigkeit. Diese Menschen sind fast ausschließlich erfolgreich.

Im *mittelhoch* angesetzten Daumen repräsentiert sich eine ausgeglichene Wesenheit. Toleranz, Verständnis für die mitmenschlichen Beziehungen und Angleichung an das Du sind herausragende Charakterveranlagungen.

Der *hoch* angesetzte Daumen veranschaulicht eine eigenbe-

zogene Lebensbewältigung, ungenügende Anpassungsbereitschaft, Gehemmtheit und verminderte Großzügigkeit.
In der Abspreizung des Daumens, d. h. in der Fähigkeit, wie weit sich der Daumen von der »Fingerhand« seitlich abspreizen läßt, liegen grundlegende Daseinsentsprechungen. Auch hier wird im dreifachen Sinne unterteilt: weite, normale und enge Abspreizung.
Die *weite* Abspreizung (90 bis 110 Grad) garantiert eine starke Unabhängigkeits- und Freiheitsliebe. Der Handeigner verfügt im Leben über große Freiheiten, verträgt keinen Zwang und strebt nach Dominanz.
Bei der *normalen* Abspreizung (ca. 60 Grad) liegen die Freiheitsansprüche im Rahmen der Möglichkeiten und werden von der Umwelt toleriert. Die Unabhängigkeit bleibt größtmöglich gewahrt.
Enge Abspreizung, wenn sich also der Daumen nicht weit von der Fingerhand wegbewegen läßt (ca. 30 bis 40 Grad), verheißt Abhängigkeit vom Du, von anderen, von der Umwelt. Anlehnungsbedürfnis, Unselbständigkeit sowie vorsichtiges, zögerndes Verhalten sind angezeigt.
Bei locker aufgelegter Hand hebt sich entweder der Daumen ab und ist nach außen gerichtet, oder er liegt auf und neigt sich nach innen zur Handfläche.
Im ersteren Falle, wenn also das erste Daumenglied sich abhebt und nach außen gerichtet ist, veranschaulicht dies Großzügigkeit, Gutmütigkeit, Gefühlswärme und verheißt ein glückliches Temperament. Umgekehrt tendiert die Gestik zu übergroßer Vorsicht, sparsamer Verhaltensweise, nüchternem Kalkül und verhaltener Gefühlsbetontheit.
Der »Winkel von Gastin« ist eine weitere Daumenentsprechung. Der Winkel entsteht, indem man die Daumenfalte, die sich in vertikaler Zeichnung zwischen zweitem und drittem Daumenglied (= Thenar) in der Verlängerung ausdrückt, mit der gedachten Linienverbindung, gesehen vom inneren Dau-

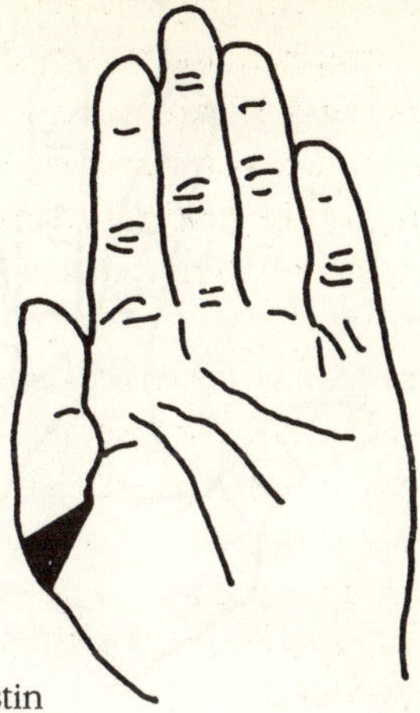

Abb. 18: Winkel von Gastin

menansatzpunkt zum äußeren Daumenansatzgelenk, in Bezug setzt (siehe Abbildung 18). Der sich so ergebende Winkelzwischenraum, der in der Verlängerung und in der unmittelbaren Nachbarschaft des Marsberges liegt, zeigt in seinen Entsprechungen und in den Auswirkungen verstärkte Marseigenschaften. In der ausgedehnten Fläche ergeben sich daher impulsive Handlungsreflexe, oft unkontrollierbare Leidenschaftlichkeit, übersteigerte Antriebskraft und naturhaftes Triebempfinden. Großer Mut, motorische Energie und schonungsloser Krafteinsatz zur Erlangung der erstrebten Zielvorstellungen sind angezeigt.

Findet in dieser Marsentsprechung eine im Astrologischen gesehene Verbindung zu Saturn statt, so zeigt sich sehr oft eine markante Winkelbildung im äußeren Daumenansatz, also zwischen zweitem und drittem Daumenglied. Diese Winkelausbildung wird in der chirologischen Literatur als Rhythmuswinkel bezeichnet. Bezogen auf die saturninen Wirkungsweisen, in diesem Sinne auf die Zeitentsprechungen und die Ordnungsprinzipien, die einem besonderen

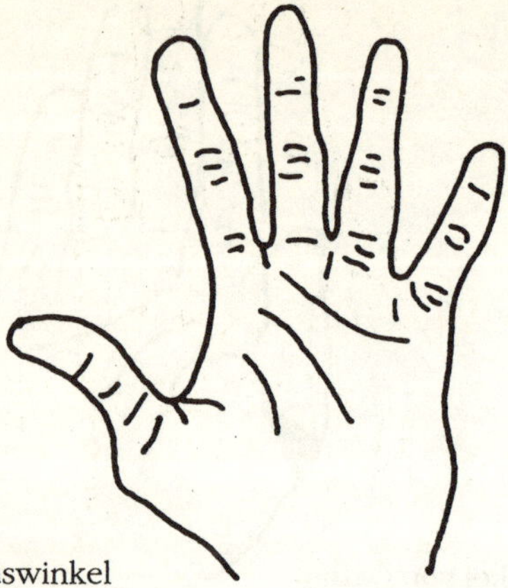

Abb. 19: Rhythmuswinkel

Rhythmus unterworfen sind, kann diese Bezeichnung durchaus angebracht sein.

Saturn, bei den Griechen als Chronos (= die Zeit) bezeichnet, garantiert in der verstärkten Ausbildung dieses Winkels ein ausgeprägtes Zeitempfinden in der Einteilung, in bezug auf Pünktlichkeit der zeitlichen Einhaltung von Abmachungen, Terminen, Verabredungen sowie arbeitstechnischen Zeitabläufen.

Im gleichen Sinne finden die Prinzipien der Ordnung, sei es nun im häuslichen, arbeitsmäßigen, gesellschaftlichen wie auch im materiellen Bereich, ihre unabdingbare und manchmal in kleinliche Pedanterie übergehende Daseinsentsprechung.

Abschließend sei noch auf eine Entsprechung eingegangen, die nur im mittelbaren Zusammenhang mit dem Daumen in Verbindung gebracht werden kann. Es handelt sich um die sogenannte Handmaus. Die Handmaus stellt eine Erhöhung dar, die sich im Außenhandbereich bei angelegtem Daumen durch die Anpressung des Daumens an die Fingerhand er-

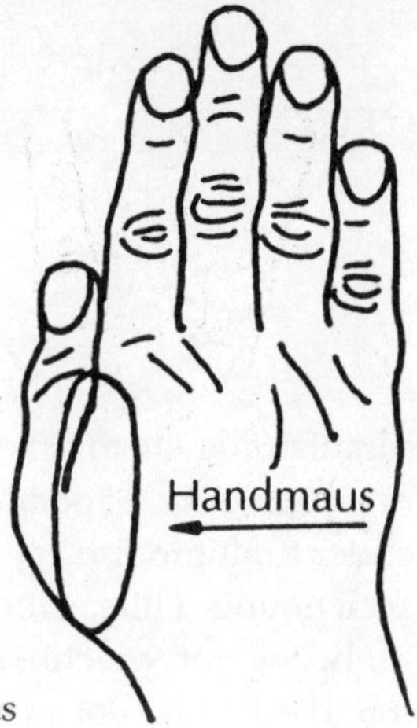

Abb. 20: Handmaus

gibt. In der Konsistenz dieser Ausprägung zeigt sich die biologische Körperentsprechung, die Widerstandskraft im physischen Sinne.

Am Abtasten der Handmaus läßt sich in der erfühlbaren Festigkeit oder Weichheit die Stärke bzw. Schwäche der Lungen konstatieren. Festigkeit ergibt eine starke Lungenkraft. Weichheit läßt auf Schwäche und Anfälligkeit schließen. In diesen Entsprechungen liegt daher im Positiven die biologische Kraft, die Tendenz zum Ausleben körperlicher, willentlicher Antriebe im Vitalbereich oder die Negation dieser Antriebe.

Kapitel 5

Die Handberge

Handberge sind Akkumulatoren kosmischer Kräfte. Sie sind Sammler und Spender. Sammler und Spender in ihre Wesenheit ein- und austretender Kraftimpulse.
In der Ausprägung, Zeichnung, Fülle, im Größenverhältnis sowie der Elastizität in bezug auf Weichheit bzw. Festigkeit versinnbildlichen Berge die Potenz der in das Leben mitgebrachten Anlagen, Talente und Fähigkeiten. In den Handlinien erlangen sie charakterologische Aussagekraft, in den Fingerentsprechungen erfahren sie die Realisation, um hier letztendlich im Leben Aufgabe und Erfüllung oder Entsagung und Verzicht auszudrücken. Bezogen auf die Potenzentsprechung, symbolisieren Berge je nach Auslegung Kraft oder Ohnmacht, angestammte Vitalität oder konstitutionell veranlagte Lebens- bzw. Anlagegeschwächtheit.
Gut *ausgeprägte* Handberge veranschaulichen demnach gesundes, schöpferisches Angehen im Umsetzen der anlagebedingten Fähigkeiten. *Schwache* Erhebungen versinnbildlichen Negativposten, ererbte Schwachpunkte und deshalb herabgeminderte Lebens- und Erfolgsgestimmtheit.
Berge gehen im Deutungsbereich konform mit entsprechenden Handlinien. Durch diese Feststellung, die einen fundamentalen Grundsatz beinhaltet, der immer im Zusammenhang Berg–Linie gesehen werden muß und der in der Gesamtdeutung des Innenhandbereiches in der Kombination Aussagekraft erlangt, könnte an dieser Stelle der Einwand einer nicht objektbezogenen Thematisierung erhoben werden.

Daß diesem Einwand eine gewisse Existenzberechtigung eingeräumt werden muß, sei zugegeben. Wenn nun trotzdem diese »Grundsatzentsprechung« den Bergentsprechungen vorangestellt wird, so deshalb, weil sowohl in der alten chirologischen Literatur wie auch im neuzeitlichen Schrifttum die Zuordnung Berg zu Handlinien teilweise nicht gegeben ist. Zum andern erfolgt sie in einer völlig unlogischen Sinngebung.
Dies hat zur Folge, daß der Lernende mit einer Problematik konfrontiert wird, in der die Fakten nicht zusammengehen. Fehlerquellen, falsche Interpretation und unlogisches Erfassen und Darstellen veranschaulichen die Endresultate.
Der Verfasser, der mit dieser Thematik über Jahre hinaus beschäftigt und in der praktischen Analyse forschend tätig war, geht deshalb im Nachfolgenden bei der Vornahme der Deutung der einzelnen Berge jeweils im Vorspann auf diese Zuordnung ein.
Es wird sich dabei zeigen, daß der Leser, sowohl Anfänger wie auch Fortgeschrittener in diesem »Anklingen« der Wesenheit Berg zu Handlinie, in einer, auf das Verständnis zugeschnittenen Verfahrensweise Kenntnisse der Bergentsprechungen im leicht zugänglichen Sinne erlangt.
Doch nun zur Praxis. Wir beginnen mit der wichtigsten der Erhebungen, dem Daumenballen, dem Thenar, der umschlossen wird von der Lebenslinie. Dieser Berg wurde in der herkömmlichen Zuordnung dem Planeten Venus unterstellt. Hierbei wurde nicht unterschieden, ob es sich um die »fleischliche« Venus, bezogen auf das zweite Horoskophaus, Tierkreiszeichen Stier, oder um die »künstlerische« Venus des siebten Hauses, Zeichen Waage, handelt. Die den Berg umschließende Lebenslinie hatte keine Planetenzuordnung, obwohl sie die für das Leben wichtigste Daseinsentsprechung manifestiert, wohingegen sekundär wichtige Berge Linienzuordnungen zu verzeichnen haben.
Entsprechend der Schlüsselfunktion im irdischen Lebenspro-

zeß muß daher die Lebenslinie eine Gestirnszuordnung haben, die den übergeordneten Lebensprinzipien dieser Linie entspricht. Und was könnte dieser Zuordnung mehr entsprechen als unser Zentralgestirn, die Sonne. Die Sonne als Lebensspenderin und Erhalterin. Die Sonne in ihrer Aussagekraft über Lebenskraft und Vitalität, womit auch die weitere Namensgebung der Lebenslinie als Vitalis herrührt.
Die Lebenskraft, Vitalität und damit verbunden die Sexualität finden ihre Entsprechungen auch im Daumenballen, wobei im letzteren Falle analog der Daumenaussage neben der Sonnenentsprechung hier auch die Planeten Mars (erstes Haus, Widder) und Venus (zweites Haus, Stier) Mitspracherecht erlangen. Somit haben wir mit Sonne, Mars und Venus – wobei der Sonne gemäß der eminenten Wichtigkeit dieses Berges wie auch auf den Daumen bezogen Vormachtstellung eingeräumt werden muß – drei Planetenzuordnungen.
Durch die Sonne (fünftes Haus, Löwe) symbolisiert der Berg den vitalen Trieb zum Leben, Lebenswille, Gestaltungskraft, Fortpflanzungstrieb, Wohlwollen, Kinderliebe, Lebensfreude, Macht und Führungsstreben. Der Berg steht für die pulsierende Erfüllung des Lebensgefühls und bestimmt den Rhythmus des Lebens. Er vermittelt die einsetzbare Kraft, die Voraussetzung zum Schaffen und Gestalten.
Im Berg liegen Großmut, Hilfsbereitschaft, edles Denken und Ritterlichkeit. Diese Attribute finden Ausdruck im *normal* ausgeprägten Berg, der dann außerdem fundierte, realisierbare Lebensansprüche sowie einen gehobenen Lebensstil garantiert.
Eine *zu starke Erhöhung* des Berges, auch im Breitenverhältnis, hier über die Hälfte der Innenhandbreite hinausgehend, veranschaulicht Übersteigerungen: überspannte Vitalkraft, rastlose, übersteigerte Schaffens- und Gestaltungskraft, übertriebene Lebensansprüche, Luxusliebe, Verschwendung sowie Anmaßung und Dominanzbewußtsein.

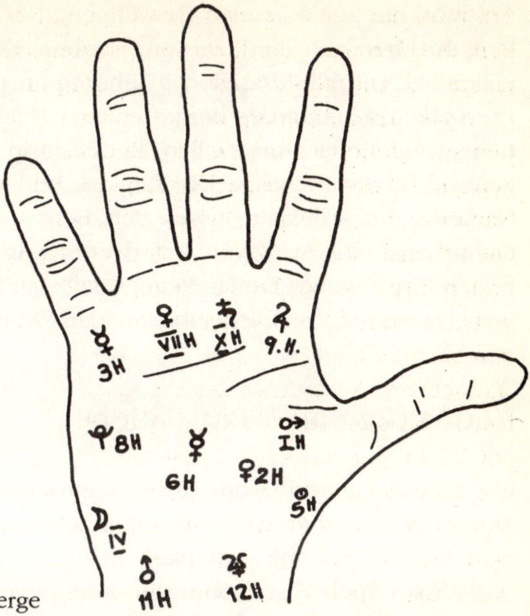

Abb. 21: Handberge

Die *zu schwache* Ausbildung führt zu Abschwächungen: herabgeminderter Vitalkraft und damit schwachen, schwer realisierbaren Lebensansprüchen, bescheidenem Lebensstil, Anspruchslosigkeit, Kleinmütigkeit, manchmal Blasiertheit.

Mars (erstes Haus, Widder)

Mars symbolisiert, im oberen Teil des Thenars gelegen und deshalb im Bewußtseins- und Realitätsbereich der Innenhand postiert, Willensstärke, aktive Tatkraft, motorische Energie, Unternehmungslust, Mut und Kameradschaftlichkeit.

Die *normale* Erhöhung des Thenars bedeutet durch die Marsentsprechung Eigenwille, Aufbauwille, Edelmut, Kühnheit,

Antriebskraft zur normalen Bewältigung der täglich auftretenden Lebensaufgaben, Leistungsstreben, Körperkraft und willentlichen Krafteinsatz sowie Führungsanspruch.
Zu starke Erhöhung des Berges erzeugt Machttrieb, Zerstörungs- und Vernichtungswillen, Rücksichtslosigkeit, Verwegenheit, Blindwütigkeit, Triebhaftigkeit, Leidenschaftlichkeit, Grobheit. Im schwach ausgelegten Berg manifestiert sich mangelndes Ichbewußtsein, Unterwerfung, Laschheit, Angst, Feigheit, verzagende Durchsetzungskraft im täglich anstehenden Lebenskampf sowie herabgeminderte Körperkraft.

Venus (zweites Haus, Stier)

In der räumlichen Präsenz dieser Venusentsprechung, unterhalb des Marsbereiches, liegt stoffliche, materielle Wertbezogenheit, Erlebnisfreudigkeit in bezug auf Liebe und Sexualität. Auch Absicherungsbestrebungen im irdischen Besitz mit dem Ziel, dadurch Freiheiten zum Ausleben und Gestalten der angezeigten Möglichkeiten zu erlangen, sind ausgeprägt.
Die vorgelagerte Nachbarschaft zur Vitalis- bzw. Sonnenlinie im Mittelbereich, hier mit der Mitte der Lebenserwartung gleichzusetzen, erklärt die vielfachen Schicksalseinwirkungen in bezug auf partnerschaftliche Abnormitäten. In den aus diesem Venusbereich herausführenden, die Lebenslinie (Vitalis) kreuzenden und weiterführenden Linien kann bildlich ein Übersteigen von Nachbarzäunen hin zur zweiten venusischen Hausentsprechung gesehen werden, zum »fleischlichen Begehren«.
Zusammenfassend ergibt die Venusentsprechung hier den Trieb nach Vereinigung, Sinnen- und Lebensfreude, Hingabeverlangen, Genußfreude, Luxusliebe und sexuelle Auslebungstendenzen.

Der Jupiterberg

Zusammen mit dem Saturn-, Venus- sowie Merkurberg zählt er zu den Bergen im Bereich der emotionalen, geistig-seelischen Ebene und symbolisiert die Wunschkräfte im Beziehungsleben. Auch diesem Berg ist keine Handlinie zugeordnet, obwohl Jupiter der größte Planet in unserem Sonnensystem ist, womit dem Berg eine gleich große Bedeutung eingeräumt werden muß. Davon ausgehend, daß die im emotionalen Bereich liegenden Berge Saturn, Venus und Merkur in diesen Bergen endende, gleichnamige Linien besitzen, bliebe letztlich nur die Schlußfolgerung, daß die im Jupiterberg oder -bereich endende Herzlinie, die bis zum gegenwärtigen Zeitpunkt keinem Berge zugesprochen wurde, mit dem Jupiterberg korrespondiert.

Tatsächlich ergeben sich nach vielfach bestätigten Erfahrungswerten sowie übereinstimmenden Deutungsmerkmalen Entsprechungen von Jupiterberg und Herzlinie, die eine logische Sinngebung gewährleisten. Die Herzlinie wird von alters her als »Emotionalis« bezeichnet. Schwerpunktmäßig liegt also hier die Begriffsbestimmung im emotionalen Bereich, im Bereich der Gemütsbewegung. Wenn von einem Berg, auf den die Herzlinie Einfluß nehmen könnte, über Gemütsentsprechungen befunden werden kann, dann handelt es sich in erster Linie um den Jupiterberg.

Auch weitere Attribute, über die gemüthafte Erlebnisfähigkeit hinausgehend, z. B. Großzügigkeit, optimistische Grundgestimmtheit, Güte sowie idealistische Bestrebungen im Sozialen, finden eine Bestätigung in den Aussagebereichen Herzlinie–Jupiterberg.

Eine weitere Beweisführung würde über den Rahmen dieser Abhandlung hinausgehen. Es sei deshalb abschließend lediglich noch auf die Endung der Herzlinie im Bereich des Jupiterberges eingegangen – analog den Endungen der Linien

Saturn, Venus und Merkur in den Bereichen der ihnen zugeordneten Berge.

Jupiter vertritt das Recht, die Gerichtsbarkeit. Er schließt Verträge. In der negativen Entsprechung werden sie im Streitfall aufgelöst.

Die Herzlinie, im Angelegtsein auf herzensmäßige Bindungen, findet die Legalisierung im Endungsbereich des Jupiterberges. Hier kommt die Verbindung mit dem Du zum rechtsverbindlichen Vertragsabschluß.

In der Endung liegen Treu und Glauben oder Untreue und Irrungen, je nachdem, wie die Linie den Jupiterberg tangiert. Tendiert die Linienführung auf den Treueaspekt, so erfährt die eingegangene Verbindung die rechtsverbindliche Gesetzesentsprechung. Im negativen Fall unterliegt der rechtmäßige Vertragsabschluß dem sittlichen Verfall.

Dies waren die grundlegenden, informativen Aussagen zur Korrelation von Jupiterberg und Herzlinie. Die folgend gegebenen Deutungskriterien sind Vervollständigungen im Außenbereich des Jupiterberges.

Der *normal* ausgebildete Jupiterberg repräsentiert Würde, Großmut, Glaube an den eigenen Erfolg, Geltungsanspruch im Sozial- und Wirtschaftsbereich, Unabhängigkeitsstreben.

Zu stark ausgeprägt, veranschaulicht der Berg Renommiersucht, Großspurigkeit, Prahl-, Herrsch-, Genuß- und Verschwendungssucht. Der Geltungsanspruch führt zu Machthunger und vernichtendem Dominanzbestreben.

Ist der Berg wenig hervortretend, so sind auch die Anlagebedingungen zurückgedrängt: Selbstempfinden und Selbstwertgefühl tendieren zu Minderwertigkeitskomplexen. Kleinmut, Unglaube, Scheingehabe und Mangel an ethisch-religiösem Empfinden sind angezeigt.

Der Saturnberg

Der Saturnberg liegt unter dem Mittelfinger, dem Saturnfinger. Diesem Berg wurde seit alters die Schicksalslinie als Saturnlinie zugesprochen. Der Saturnberg symbolisiert die Wunschkräfte im materiellen Wert- und Verantwortungsbereich.

Normal ausgelegt, steht er für Verantwortlichkeit, Ernst, Gewissenhaftigkeit, Ausdauer, Pflichtbewußtsein, Gedankenkraft, Sparsamkeit und Selbstdisziplin. In Verbindung mit der Saturn- bzw. Schicksalslinie gibt der Berg Zielstrebigkeit, Leistungsbereitschaft, Durchsetzungswillen sowie Unternehmergeist. Im Zusammenklang Berg–Linie zeigen sich die Daseinsentsprechungen in der schicksalsverhafteten Lebensbewältigung: positiv ausgerichtet in Berufung, Stellung, Ehren, Machtposition. Im Negativbereich liegen im Endergebnis Verfallstendenzen harter Leidentsprechungen: Not, Kummer, Berufslosigkeit, Armut, Sorgen, Verlassenheit und Einsamkeit.

Der *stark* ausgelegte Saturnberg veranlagt zu übergroßer Sparsamkeit bis hin zum Geiz, zu Pessimismus, Fatalismus, innerer Vereinsamung. Überzogener Lebensernst, Schwermütigkeit, Leistungszwang, Gefühlsreservation sowie grüblerische, dogmatische Gedanklichkeit sind weitere Schwachpunkte.

In dem *überstark* ausgeprägten Berg liegt kaltblütiger, egoistischer Zwang, liegt Geltungs- und Machtstreben zum materiellen, politischen sowie öffentlich-gesellschaftlichen Aufstieg, oft im Gefahrenbereich des letztendlichen Zurückfallens bzw. Sturzes in die Unbedeutendheit, Abgeschlossenheit, manchmal in den Tod. Der überstark ausgebildete Saturnberg ist nicht oft anzutreffen. Wenn jedoch vorhanden, prädestiniert er im negativen Sinne zu düsteren, gesellschaftsfeindlichen Gedankengängen, zu kriminellen Neigungen, Härte und

Grausamkeiten. Bei sonst »guter« Gesamthandentsprechung tendiert die extreme Bergausprägung zu erschwerten Lebensbedingungen, die sich in harter Arbeit ausleben müssen und deshalb z. B. in Berufen wie die des Bergbaues, der Landwirtschaft, der Steinindustrie Realisation finden.

Der *schwache* bzw. *eingefallene* Berg veranschaulicht eine Abschwächung der Bergpotenz. Das Verantwortungsbewußtsein ist herabgemindert, die Gewissenhaftigkeit tendiert zum Leichtsinn, Durchhaltevermögen ist nicht angezeigt. In der Veranlagung liegen Unentschlossenheit, Gleichgültigkeit, Laschheit, Unzuverlässigkeit und infolge mangelnder Leistungsbereitschaft existentielle Sorgen und Notlagen.

An dieser Stelle muß eingeräumt werden, daß beim schwach entwickelten bzw. eingefallenen Berg in den Entsprechungen die Saturn*linie* Einfluß nimmt. So konnte der Verfasser beobachten, daß beim Vorhandensein der Saturnia die schwache Bergauslegung im positiven Sinne gewinnt: Leistungsbereitschaft und Verwirklichungskraft sind vorhanden, werden aber nur bei Bedarf oder wenn gefordert aktiviert. Die Lebensgestaltung hält sich im normalen Bereich. Materieller Aufstieg ist nicht ausgeschlossen, erfolgt jedoch nur unter Umgehung von Erschwernissen und Mühen. Die fehlende Saturnlinie veranlagt zu unlogischer, schwacher Gedankenkraft, zu vagabundierenden Berufsentsprechungen, zur Frivolität, Undiszipliniertheit und unbedeutender Lebensgestaltung.

Die vorstehend, den Saturnberg betreffenden Charakteristiken sind schon relevant in der Existenz des Berges. Die Bergausprägung ist im Regelfall entweder mangelhaft oder nicht gegeben.

Im Ergebnis können wir feststellen, daß sich in der Hand unter den vier Fingern meist nur drei Bergausprägungen manifestieren. Es sind dies der Jupiter-, der Venus- sowie der Merkurberg. Hierbei verdrängen die stärkeren Erhebungen die

schwächeren. Bezogen auf die unter dem Saturnfinger liegende Bergentsprechung, ergibt sich eine zu diesem Ort verlagerte Bergdominanz entweder des Jupiter- oder Venusberges bzw. beider.
Die erschwerenden Daseinsentsprechungen in der saturninen Sinngebung erfahren hierdurch Auflockerungen bzw. schicksalsmäßige Gunstbezeigungen im jovischen bzw. venusischen, positiv ausgelegten Bereich.

Der Venusberg (siebtes Haus, Waage)

Der Venusberg liegt unter dem Ringfinger. Bis zur Neuzeit wurden sowohl der Berg wie auch die dazugehörige Linie und der Ringfinger dem Einfluß Apollos, also der Sonne, unterstellt. Vereinzelt haben neuere Autoren diese Einflußnahme der Sonne angezweifelt bzw. völlig verneint.
Wenn man die altüberlieferten und heute weithin gültigen Talententsprechungen und Auswirkungen des Berges, der Linien und des Fingers betrachtet, so hat die Sonne in der Tat in ihrer Veranlagungsbedingtheit kein Wirkungsfeld. Sie ist hier im weitesten Sinne wesensfremd. Wesensgleichheit erfährt dagegen die Venusentsprechung, in diesem Falle die Venus des siebten Hauses, Tierkreiszeichen Waage.
Der Venusberg symbolisiert die Wunschkräfte im ideellen, künstlerischen sowie emotional-gemüthaften Bereich.
Die *normale* Erhöhung bedeutet Kunstinteresse und Talente, Schönheitssinn, inneres Erleben, Begeisterungsfähigkeit, Anmut und ästhetische Ambitionen. Der normal entwickelte Berg prädestiniert zu harmonischen Beziehungen, glückhaften Lebensbedingungen, Streben nach sinnlich reizvoller Gestaltung des Lebens, zu Feingefühl und Takt, also alles Eigenschaften, die auch der ihr zugeordneten Linie entsprechen.
Die *überstarke* Erhöhung führt zu starker Sinnlichkeit, Ver-

schwendungssucht, eifersüchtiger, aufdringlicher Du-Bezogenheit, Koketterie und gibt Veranlagung zur Verführung, zu Sinn für Luxus und Eitelkeit.
Eine *schwache* bzw. *fehlende* Erhöhung veranschaulicht Gefühlsarmut, Mangel an Seelengröße und Einfühlungsvermögen, Geschmacklosigkeit, eitles Gehabe und gibt Veranlagung zur Gefallsucht und zu oberflächlichen, sinnenhaften Vergnügungen. Es fehlen die künstlerischen Talente, die Schönheitssinn und idealistisches Streben ausmachen.

Der Merkurberg

Der Merkurberg liegt unterhalb des kleinen Fingers. Er symbolisiert die Wunschkräfte in der Selbstdarstellung nach außen, zu außersinnlichen Wahrnehmungen geistiger, inspirativer, spekulativer sowie medialer und intellektueller kosmischer Kraftentfaltung. Dem Merkurberg zugeordnet ist die Merkurlinie mit entsprechenden, gleichen Deutungsmerkmalen.
In der normalen Erhöhung finden wir Streben nach wissenschaftlichen Erkenntnissen, Streben nach Höherentwicklung, intellektuelle gedankliche Ausrichtung und Zielsetzung, rationales Erfassen und Denken. Die normale Erhöhung korreliert mit einem gesund ausgerichteten Erwerbstrieb, Sprach- und Organisationstalent, rascher Auffassungsgabe und Beweglichkeit.

Der Marsberg

Der Marsberg erhebt sich unterhalb von Lebens- und Kopflinie im oberen Teil des Thenars auf der aktiven Seite der Hand. Die Wirkungsweise von Mars hinsichtlich der Aussagekraft wurde bei der Deutung des Handballens (Thenar) im wesent-

lichen bereits ausgeführt und beinhaltet als Grundwerte Willensstärke, Tatkraft, motorische Energie, Unternehmungslust, Mut. Durch die Erhebung im oberen Teil des Thenars werden die Aussagen jedoch subtiler, weiterführender.
Schon die Tatsache, daß der Berg im Bewußtseins- und Realitätsbereich liegt, lassen die Eigenschaften Leistungsstreben, geistige Beweglichkeit, Geistesgegenwart, Entschlußkraft sowie willensmäßige Durchsetzungskraft, hier auch im geistigen Bereich, angelegt sein. Diese Entsprechungen können sich hinsichtlich der Zuordnung Berg–Linie in der Kopflinie realisieren.
Insbesondere im Beginn der Kopflinie liegen die Impulse und Kraftentfaltungen des Marsberges. Für die Aussagen der Kopflinie ist daher die Ausbildung dieses Berges von ausschlaggebender Bedeutung.

Der Mondberg

Der Mondberg liegt im passiven Teil der Hand auf der Ulnar-(Kleinfinger-)Seite im mittleren Teil des Hypothenars. Er beeinflußt zu innerer Erlebnisfähigkeit, Empfänglichkeit, Intuition, Imagination. Bei harmonischer Auslegung des Berges kann auf Kunstsinn, Hilfsbereitschaft, geborgene Häuslichkeit, glückhafte Jugenderlebnisse sowie einen ruhigen Lebensabend geschlossen werden. Gemütliche, zärtliche Mütterlichkeit sowie seelisch harmonische Vergangenheitsbewältigung, gute Gedächtniskraft, Heimat- und Vaterlandsliebe sind angezeigt.
Die Reiselinien, die auf dem Mondberg von der Handkante nach dem Inneren der Hand verlaufen, symbolisieren Reiselust, Wechselhaftigkeit, die Sehnsucht nach dem Fremden, die Vorliebe für Wasser.
Allzu starke Erhöhung des Berges führt zu gefühlsaufwühlen-

den, traumatischen Erlebnissen, zu Fehlverhalten im Gefühlsleben bis hin zur übersteigerten Triebhaftigkeit und letztlich in Fehleinschätzungen im medialen, intuitiven Leben.
Die *zu schwache* Ausbildung des Berges bedeutet Launenhaftigkeit, Gefühlsgestörtheit, verminderte Selbstbeherrschung und Furcht. Sie gibt instabile Lebensverhältnisse, schlechte Gedächtniskraft und daher Neigung zu Phantastereien. Die schwache Ausbildung des Berges kann letztlich zu depressiven Folgen bei der Vergangenheitsbewältigung führen.

Der Plutoberg

Der Plutoberg liegt unterhalb des Merkurberges und wird von diesem Berg durch die Herzlinie getrennt. Er liegt auf der passiven, ulnaren Seite der Hand im Bewußtseins- und Realitätsbereich des oberen Hypothenars. Er versinnbildlicht die magische Einflußnahme auf die Masse, das Prinzip des Stirb und Werde, die Offenbarung unbewußter, magischer Kräfte. Im Gegensatz zum Marsprinzip, das sich mit dem eigenen Ich auseinanderzusetzen hat und mit dem unmittelbaren Du konfrontiert wird, erfolgt in der Aussage des Plutoberges die Begegnung und Auseinandersetzung mit der Umwelt als Du-Prinzip und damit des Kollektivs und der Masse.
Normal ausgebildet, gibt der Berg die Möglichkeit zu Besitz und Werterlangung. Ehrgeiziges Streben, sich in der Umwelt durchzusetzen, ist angezeigt. *Zu stark* ausgelegt, verleitet der Berg zu skrupellosen Machtansprüchen sowie Streben nach Beherrschung der Umwelt. Die *schwache* Ausprägung veranschaulicht die Unmöglichkeit, sich in der Umwelt durchzusetzen, und führt zu Neid, Selbstvorwürfen und Ohnmacht. Die dem Berg zugeordnete Linie befindet sich als Einkerbung im Bereich der Handkante. Sie verläuft in Längsrichtung unterhalb des Merkurberges zur Handwurzel.

Der Uranusberg

Der Uranusberg liegt unterhalb des Mondberges im untersten Teil des Hypothenars. Er veranschaulicht, im Bereich der Körperebene im physischen Vitalraum des unbewußten vitalen Lebens gelegen, die nicht mehr erfaßbaren Urkräfte im menschlichen Dasein. Er symbolisiert das revolutionäre, irrationale Prinzip und damit, obwohl im stofflichen Bereich der Körperebene gelegen, den geistigen Willen zur Überwindung des statisch Beharrenden und den reformerischen Drang, Hindernisse stofflicher Art zu überwinden. Als intuitive Kraft vermittelt er intellektuelle Geistigkeit sowie umwälzende Ideen und Gedanken. Das Prinzip führt zu neuen Ufern, gibt Talente und zwingt zur Auseinandersetzung und zur Beschäftigung mit geisteswissenschaftlichen Studien.

Im Negativfall führt der Kraftimpuls zu verrückten, fixen Ideen, Auflehnung gegen bestehende Ordnung, zu Zerstörung und Katastrophen.

Die Aussagefähigkeit des Berges wird ausschlaggebend durch das Vorhandensein der entsprechenden Linie, der Uranuslinie, bestimmt. Bei Fehlen der Linie kann ein Finger-Tannenbogen-Leistenmuster oder eine Diagonalleiste – Ausgangspunkt in der Jupitertrirade –, die in den Intuitionsraum (Uranusberg) verläuft, die funktionelle Wirkungskraft der Uranuslinie ersetzen.

Die *normale* Ausprägung des Berges kann zu plötzlich eintretenden Veränderungen grundlegender Art in der Um- und Neugestaltung des Daseins führen. Sie prädestiniert zu geisteswissenschaftlichen Forschungen, Entdeckungen, Erfindungen, Reformen, Unabhängigkeitsliebe und plötzlich einsetzender Erkenntnisfähigkeit, verbunden mit unmittelbarer Entschlußfähigkeit. Reformerische Daseinsentsprechungen sowie Originalität und oft Genialität können gegeben sein.

Die *zu starke* Erhöhung verleitet zu irrationalen Gedankengängen und Handlungen, zur plötzlichen, katastrophalen Um- und Neugestaltung des Daseins sowie illusionärer, irrealer, revolutionärer Handlungsweisen gegen bestehende Ordnungen und Gesetze.

Der Neptunberg

Gelegen zwischen Uranusberg und dem unteren Teil des Handballens oberhalb der Handwurzel, verleiht der Berg instinktive, nicht mehr erfaßbare mediale Urkräfte, übersinnliche, inspirative, visionäre Einstimmungen im universalen, übergeordneten Wesensbereich. Negativ führt die Auswirkungsmöglichkeit zu nebulösen, auflösenden Bestrebungen und damit zur Zerstörung des vitalen Lebensprinzips.
Die Aussagekraft des Berges wird in entscheidendem Maße von dem Vorhandensein der entsprechenden Linie, der Neptunlinie, beeinflußt. Nur in ihrer Präsenz ist im Regelfall eine Wirkungsweise gegeben.
Von weiterer Wichtigkeit ist die Konsistenz des Berges, wobei die elastisch-straffe Beschaffenheit in der Regel als positiv und die schwammig-weiche als weniger positiv gewertet werden muß.
Die positiven Auswirkungen müssen in einer gesunden, unmittelbaren Verwurzelung im seelischen Urgrund, in der Erkenntnisfähigkeit subtilster Zusammenhänge im übersinnlichen Lebens- und Wesensbereich sowie Idealisierung in den Fragen der Weltanschauung, verbunden mit schöpferischer Phantasie und Aufbautendenz, gesehen werden. Sensibilität, Medialität, psychologische Begabung sowie empfindsames Einfühlungsvermögen sind weitere Attribute im positiven Wirkungsbereich.
Die Negativaussage veranschaulicht ungesunde, irrationale Bestrebungen. Sie führt zu nebulösen, auflösenden Lebens-

umständen und damit zur Zerstörung des vitalen Lebensprinzips. Erotische Exzesse, seltsame Laster (auch Drogen und Rauschgifte), verworrene, chaotische Ansichten geben Anlaß zu Störungen im Partnerschaftsbereich und in den Beziehungen zur Umwelt. Das Negativprinzip macht haltlos, unmoralisch, unpraktisch, furchtsam, ausschweifend, illusionär, asozial, pervers und süchtig.

Die Ebene der Erde (Marsfeld)

Die Ebene der Erde liegt in der Handmitte. Sie wird eingeschlossen von den Handbergen. Ihre Bezeichnung Marsfeld (Mars bedeutet Kampf) sowie die Gegenverspannung der Planeten einmal im Bewußtseins-, geistigen, emotionalen Realitätsbereich und zum anderen im unterbewußten, medialen, unrealen Seelenbereich liegend, veranschaulichen die Schicksalsauswirkungen im Leben, die im Marsfeld, der Ebene der Erde, ausgetragen werden müssen.

Für das tägliche Dasein zeichnet sich in diesem Feld die Art der Realitätsbewältigung ab, der an den Menschen herangetragenen Forderungen aus der Umwelt sowie die karmischen, zwanghaft, schicksalsmäßigen Einflußnahmen, die vom »Außen« bestimmt werden und auf die der Mensch keinen oder nur bedingten Einfluß nehmen kann.

Die Ausbildung des Feldes hinsichtlich Form und Handlinienformation gibt Aufschluß über die Schicksalseinwirkungen, mit denen der Mensch konfrontiert wird.

Ein schweres, ereignisreiches Schicksal ist bei einem eingefallenen Feld gegeben. Je ausgeprägter die Höhlung, desto größer sind die negativen Schicksalsentsprechungen. Treten zu dieser eingefallenen Ebene verstärkt Linieneinzeichnungen, so gestalten sich die negativen Schicksalseinwirkungen im Daseinskampf um so relevanter, und der Handeigner fin-

det kaum einen Ausweg aus all den ihn bewegenden und auf ihn einwirkenden schicksalsmäßigen Gegebenheiten.
Je »erhabener« die Ebene der Erde ausgebildet ist, desto mehr hat der Native Schicksal und die angezeigten Daseinsbewältigungen in der Hand. Dies kann bei grober Konsistenz so weit führen, daß der Handeigner Schicksalsschläge im Bewußtsein nicht aufnimmt bzw. diese Einwirkung ihn gefühlsmäßig nicht berührt. Das Schicksal gestaltet sich um so günstiger, je weniger Linien sich auf dem Feld einzeichnen.

Kapitel 6

Die Handlinien

In den Handlinien spiegeln sich die Anlagen, Talente und Neigungen. Die Auswirkung im Leben und die Umsetzung der in den Handbergen gespeicherten Kräfte und Impulse zeigen sich in den Fingerentsprechungen. Zunächst einmal unterscheiden wir drei Hauptlinien (Abbildung 22) – diese drei Linien symbolisieren das Lebensprinzip:

- die Lebenslinie (LL),
- die Kopflinie (KL) und
- die Herzlinie (HL).

Formen der Linien

Im Idealfall ist eine Linie klar gezeichnet, sie verläuft in anmutigem Schwung oder gerade und ist rosa oder fleischfarben, ohne Unterbrechungen und Durchstriche (Abbildung 23). Linien können in den verschiedensten Formationen auftreten und ausgeprägt sein. Neben der »normal« gezeichneten Linie gibt es folgende Abweichungen und Sonderformen.

Die gewundene Linie

Die gewundene Linie (Abbildung 24) stellt den Gegenpol zur geraden Linie dar. Wenn eine gerade Linie auch im übertragenen Sinne Gradlinigkeit bedeutet – zielstrebige Kraft, Klarheit, Offenheit, Ehrlichkeit, Ausdauer, Treue, Vertrauen, Si-

Abb. 22 Abb. 23

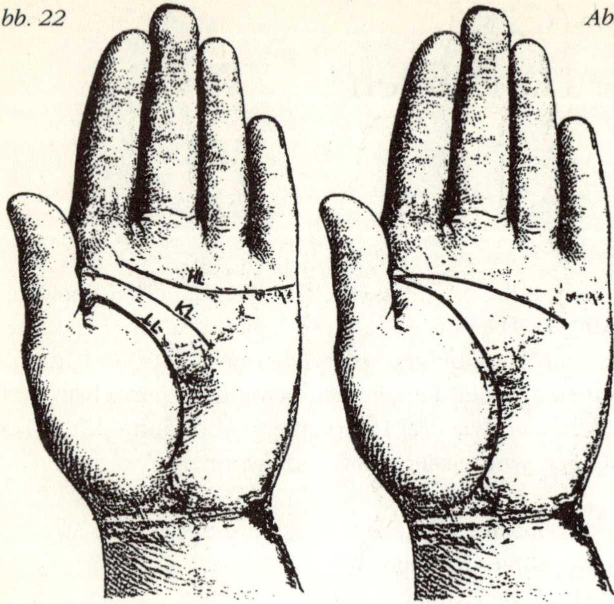

cherheit –, so symbolisiert die gewundene, wellige Linie Abweichungen von der Gradlinigkeit: Schwäche, Unklarheit, Verschlossenheit, Unehrlichkeit, Unbeständigkeit, Untreue, Mißtrauen, Unsicherheit, Ausweichen und Verschlagenheit.

Breite Linien

Breite Linien (Abbildung 25) stellen den Gegenpol zu den feinen Linien dar. Feine Linien geben Anreiz, Anmut, feines Gemütsempfinden, Liebreiz, Leichtigkeit, Lebhaftigkeit, subtile geistige Fähigkeiten.

Breite Linien sind belastend, verhaften zu Schwerfälligkeit, Langsamkeit, Triebhaftigkeit, Trägheit, im Extremfall und bei gleichzeitiger roter Färbung zu bestialischer Brutalität. Blasse Farbgebung ergibt böse Neigungen, Neid, aber auch Kränklichkeit, ungünstiges Schicksal.

Abb. 24 Abb. 25

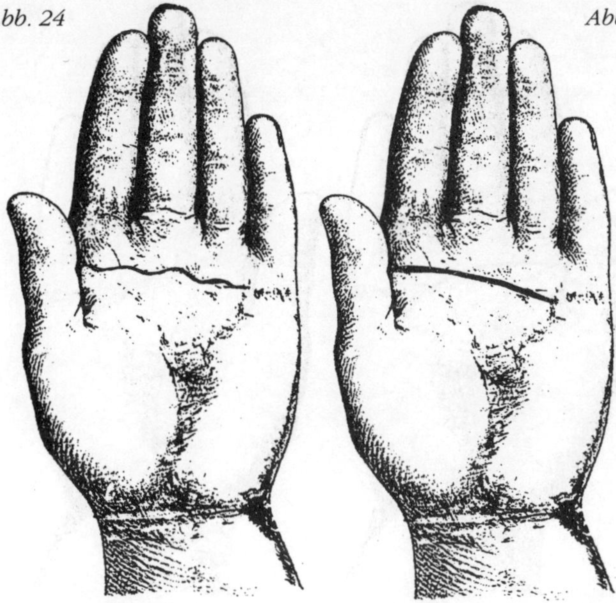

Tiefe Linien

Tiefe Linien (Abbildung 26) sind der Gegenpol zu oberflächlichen Linien. Hier drängt sich mehr als bei den anderen Ausprägungen der Vergleich mit einem Fluß auf. Das tiefe Flußbett symbolisiert Kraft, Fülle, Energie, Ausdauer, Durchsetzung, Entschlossenheit, Zielstrebigkeit, es überwindet Widerstände. Das an der Oberfläche im seichten Flußbett dahinfließende Wasser ist widerstandsarm, ohne Kraft, ohne Energie.

Ketten- und Parallellinien

Kettenlinien können als Gegenpol zu den Parallellinien angesehen werden (Abbildung 27). Die Kettenlinie, die aus aneinandergereihten Inseln zu bestehen scheint, tendiert in ihrer Aussage zu der Entsprechung der Insel: Inselbildungen

Abb. 26 Abb. 27

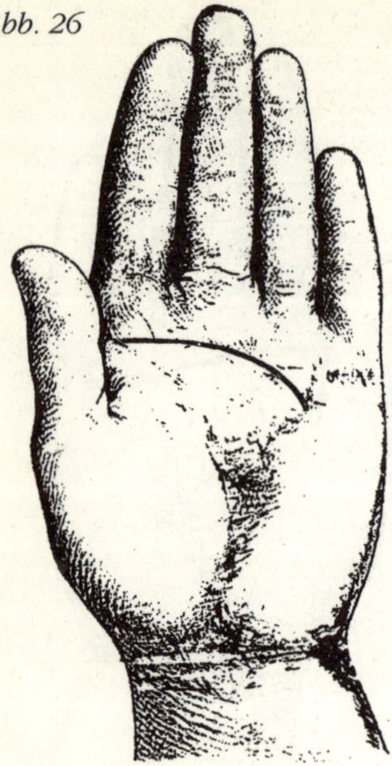

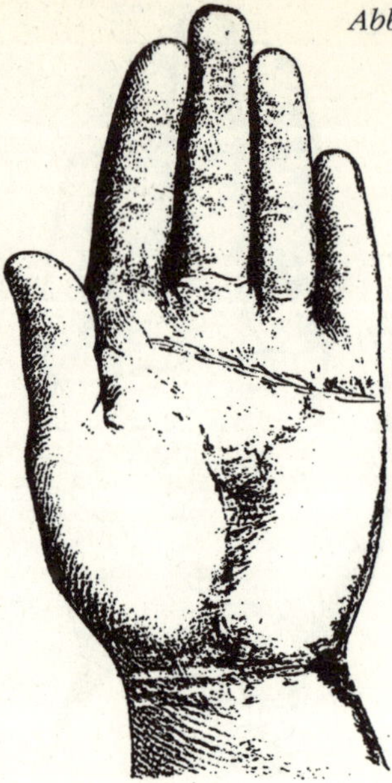

besagen ein Um-sich-selbst-Kreisen in geistiger, seelischer und gedanklicher Hinsicht mit schicksalsmäßig negativen, krankmachenden Auswirkungen im Körperlichen.

Die *Kettenlinie* symbolisiert also Krankheiten geistiger, seelischer, gedanklich-nervlicher Art, die sich naturgemäß jedoch auch in organischen Störungen, ja selbst operativen Eingriffen niederschlagen können. In charakterlicher Hinsicht treten als Folge oder Ursache Hemmungen, Entschlußlosigkeit, Schwächen und Schwunderscheinungen auf.

Parallellinien hingegen untermauern und verstärken die Aussagen der entsprechenden Linie. Sie sind also voller Kraft, Intensität, bewußt, zielgesteuert sowohl im positiven wie auch im negativen Aussagebereich.

Abb. 28

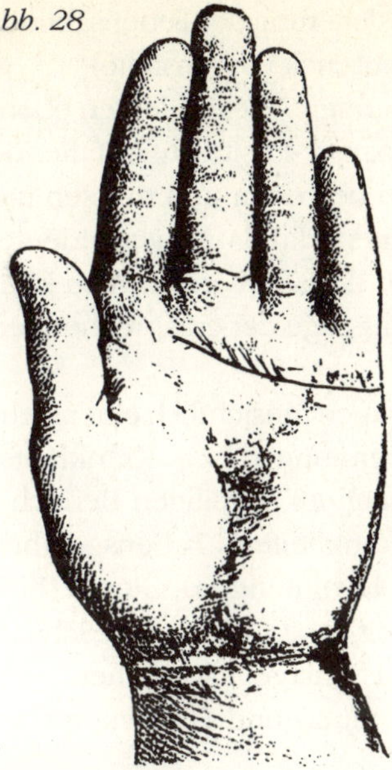

Abb. 29

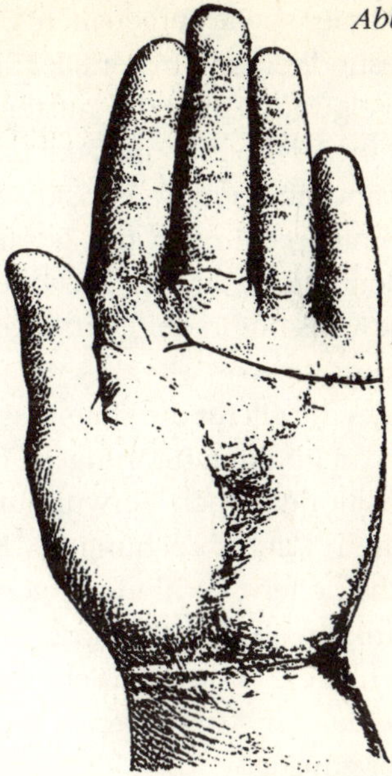

Haarlinien

Eine gewisse Polarität kann hier in der Entsprechung der Gabelung einer Linie und auch der Linienabzweigung, insbesondere der aufsteigenden Äste, gesehen werden. Bei der Haarlinie (Abbildung 28) erfolgt durch die vielfachen fransenähnlichen Abzweigungen, die zu keiner konzentrierten Kraftentfaltung führen können, eine Herabminderung im kräftemäßigen Aussagebereich der Linie. Hier findet im wahrsten Sinne des Wortes eine Verfransung statt.

Die Gabelung der Linie

Die Gabelung der Linie (Abbildung 29) hingegen besagt eine Aufteilung des Kräftereservoirs. Sie bedeutet die Beibehaltung und Fortführung der fließenden Kraft mit dem Ziel der Vielseitigkeit (Kopflinie), allgemein umfassenden Du-Bezogenheit

(Herzlinie) sowie aufgeteilten Absicherung des Lebensabends in Gesundheit und materieller Sicherheit (Lebenslinie).
Abzweigungen, hier die aufsteigenden Äste, bedeuten ebenfalls eine Kraftentfaltung zum Expansiv-Positiven. Abfallende Äste sind nur zum Teil positiv zu bewerten und müssen mit den Entsprechungen der gesamten Handaussage gedeutet werden. Die negativen Aussagen der abfallenden Äste können jeweils nur in der Deutungsaussage der entsprechenden Linie erfolgen.
Das gleiche gilt für die Linienaussagen hinsichtlich einer Deutung von Punkten (Störungen, Trennungen bzw. Krankheitsdispositionen, auch Verwundungen im jeweiligen Bereich), Brüchen (Unterbrechungen, Krankheiten, Lebensgefahr), Durchstrichen (Verhinderungen, Hemmungen), Gittern (Einschränkungen, Abgeschlossenheit, Not), Kreuzen (Schicksalsschläge), Sternen (Schicksalsschläge plötzlicher, einschneidender Art), Vierecken (Schutz) und Dreiecken (fast immer günstig).

Tönung der Linien

Rosa- bzw. *fleischfarbene* Linien besagen einen ausgeglichenen Charakter, optimistische Lebenshaltung, freudige Lebensbejahung und hoffnungsvolle Gegenwartsbewältigung sowie Sorgenfreiheit.
Rot bedeutet Robustheit in Gemüt und Gesundheit, gibt Leidenschaftlichkeit, Kraft, überschäumende Vitalität und kann zu Heftigkeit und Brutalität führen.
Blässe entspricht dagegen einer schwachen Vitalität, einer schlechten Gesundheit, einer mehr oder weniger ungünstigen Schicksalsaussage infolge fehlender bzw. verweichlichter Tendenzen zur Schicksalsbewältigung.
Gelbe Tönung bringt Stolz, Zurückhaltung; hier liegt fast im-

mer eine Gallen- oder Leberstörung vor. Die Folgen sind träger Stoffwechsel und durch die Gallenstörung gereiztes Wesen, Zank, Heftigkeit, manchmal Melancholie.
Dunkles *Braun*: Hier geht eine leidenschaftliche Gefühlsbetonung mit rachsüchtigem Verlangen und nachtragendem Verhalten einher.
Bläuliche Färbung bedeutet mangelnde Blutzirkulation, daher oft Müdigkeit und mangelnde Durchsetzung.

Die Lebenslinie (Sonnenlinie)

Der Beginn der Linie

Der Beginn der Lebenslinie liegt auf der Aktivseite der Hand unterhalb des Jupiterberges bzw. oberhalb des Daumeneinschnittes. Sie verläuft in geschwungenem, halbkreisförmigem Bogen um die Erhöhung des Thenars. Der Anfang der Linie korrespondiert mit dem Lebensbeginn, der Geburt, der Jugend, das Ende mit dem Alter, dem Tod. Dazwischen liegt das Leben in seinen mannigfaltigen Aussagebereichen.
Die Lebenslinie symbolisiert die mitgebrachte Lebenskraft, vitale Stärke, Gesundheit oder Krankheiten, Krisen, schicksalhafte Auswirkungen im Positiven wie auch Negativen, sie bestimmt die Körperlichkeit und das körperliche Auftreten, sie gibt Auskunft über häusliche, materielle, leidenschaftliche, sinnenmäßige Gegebenheiten und Lebens- sowie Bezugsentsprechungen. Sie hat Bezug zur Existenz, zu Freiheiten oder zur Eingeengtheit, Abgeschlossenheit, zu Sorgen, Entbehrungen wie auch zum Wohlstand.
Demnach kann gesagt werden, daß sich fast alle bedeutenden, schicksalsentscheidenden Aussagen in der Lebenslinie manifestieren. Allerdings muß auch hier wieder festgestellt werden, daß in der Deutung korrespondierende Aussagen der Gesamthand mitberücksichtigt werden müssen. Bei je-

dem Deutungsversuch einer Linie sollte zuerst Anfang, Verlaufsrichtung und Ende Beachtung finden.

Der Anfang gibt die Impulse, zeigt die charaktermäßige Veranlagung, den Standpunkt des Nativen, die schicksalsmäßigen Grundtendenzen. In der Verlaufsrichtung zeichnet sich der Weg, die Aussage bezüglich der Bewältigung des Lebensauftrages, der Aufgaben. Das Linienende gibt Auskunft über die Zielvorstellung, das Ergebnis, das Erreichte, das Ziel selbst.

Der Anfang der Lebenslinie liegt im »Normalfall« in der Mitte zwischen Daumeneinschnitt und Jupiterfingeransatz (Abbildung 30). Eine *normal* entspringende Lebenslinie, am Anfang mit der Kopflinie etwa 1 bis 1,5 cm verbunden, gibt Energie mit logischer Entschlußkraft, gesunden Ehrgeiz, entschlossenes ausgeglichenes Handeln und Vertrauen in die eigenen Kräfte und Anlagen.

Ist die Lebenslinie mit der Kopflinie in dieser Ausgangsposition *zu weit verbunden*, so gibt dies, insbesondere in der Jugend, zögerndes Verhalten, zaudernde Entschlußkraft, hemmende, zurückgestaute Impulse, aber auch verantwortungsvolle Überlegungen und Gedankenkraft. Diese Kombination ist oft bei Spätentwicklern zu beobachten.

Der *getrennte Ursprung* bei Kopf- und Lebenslinie (Abbildung 31) muß naturgemäß entgegengesetzte Aussagen zur Folge haben: übersteigertes, impulsives Handeln, schnelle bis überhastete Reaktionen, Entschlußbereitschaft, die erfolgt, bevor die Überlegungen und der Denkvorgang zu Ende gebracht wurden. Es besteht die Gefahr eines allzu großen Selbstvertrauens, Wagemuts und zu großer Herausforderung der eigenen Möglichkeiten, die am Ende allzuoft nicht realisiert werden können.

Der *Beginn* der Lebenslinie kann nach oben, also zum Jupiterberg, oder nach unten, also zum Marsberg hin, *verschoben* sein. Im ersteren Fall gewinnt der Marsberg einen erweiterten Auswirkungsraum. Dies bedeutet für die Impulse, die die Le-

Abb. 30

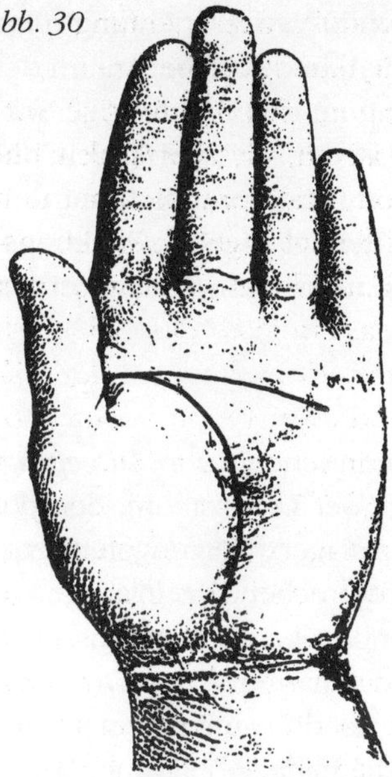

Abb. 31

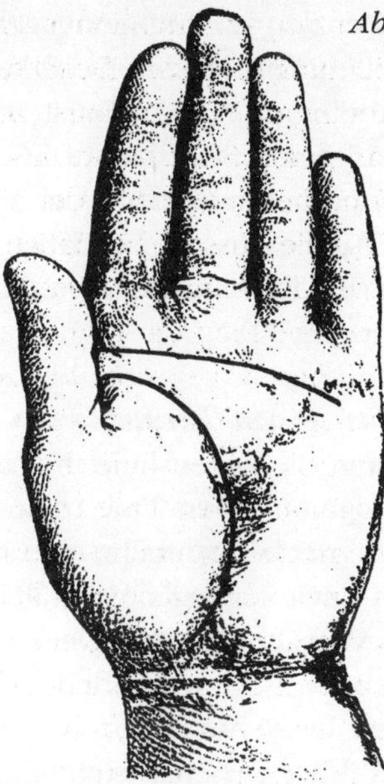

benslinie in ihrem Anfangsstadium mitbekommt, verstärkte Tendenzen zur Ichbetonung, vitaler Willenstrieb, motorische Energien und Führungsanspruch. Gleichzeitig aber zapft die Lebenslinie – durch die hohe Lage zum Jupiterberg hin verschoben – dieses Kraftreservoir an und empfängt hier Impulse, die Ehrgeiz, Autoritätsempfinden, Machtanspruch und Geltungsdrang hervorrufen.

Der zum Marsberg hin verschobene Beginn engt diesen Bereich ein. Man könnte nun sagen, die Lebenslinie schöpft nunmehr aus dem Kräftereservoir des Marsberges. Dies trifft zwar zu, aber der Marsberg ist eingeengt, schwach. Die Folge stellt sich ein in einem verminderten vitalen Willenstrieb, einer herabgesetzten Betonung in der Ich-Darstellung. Die Kräfte, die mobil gemacht werden können, verbrauchen sich im Bereich des auf die eigene Person abgestellten Begehrens.

Die über den Anfang hinausgehende Verlaufsrichtung führt die Lebenslinie hinein in das Leben, in den Lebensraum der Selbstbehauptung, der Darstellung im körperlichen, schicksalsmäßigen Daseinskampf. Hier ist der Aussagebereich, der die Symptome aus dem Anfang in die Verwirklichung umsetzt. Für die Aussagen in diesem Bereich muß die Wirkungsweise des Thenars in jedem Falle mitberücksichtigt werden (Abbildung 32).

Die Linie am Thenar

Schwingt die Lebenslinie in harmonischem, *normal geprägtem Bogen* um den Thenar, so ist der Lebensraum, den der Handeigner beansprucht, seinen Anlagen, Neigungen, Fähigkeiten sowie seiner Körperkraft entsprechend in ein ausgewogenes Verhältnis gesetzt. Der eigenbezogene Lebensanspruch bleibt beherrscht und befindet sich in harmonischer Du-Bezogenheit. Diese Aussage steht in Verbindung mit einem normal ausgebildeten Thenar (siehe Ziffer 1 in der Abbildung 33).
Bei einer überstarken Ausprägung des Thenars erfahren die Impulse, die drängenden Vital-Kräfte eine Ballung mit der Tendenz einer Erweiterung des vom Leben zugestandenen Lebensraumes. Die Folge kann verzehrende Unzufriedenheit oder kräfteaufreibendes Anrennen gegen unüberwindbare Schranken auslösen. Bei schwachem Thenar reichen die Impuls- und Vitalkräfte nicht aus, die vom Leben eingeräumten Möglichkeiten anlagebedingt zu nutzen beziehungsweise zu gestalten. Erschöpfungszustände und Entsagungstendenzen bilden die Folge.
Verläuft die Lebenslinie in *zu engem Bogen* um den Thenar (Ziffer 2), so bleiben die Aussagen hinsichtlich des Auslebens und der Gestaltung der im Lebensraum aufgegebenen Möglichkeiten begrenzt auf eine egozentrische, lebensgeschwächte Daseinsbehauptung. Der Handeigner findet keine Bereitschaft, in aktivem Sinne eine Entfaltung in der Umwelt

Abb. 32

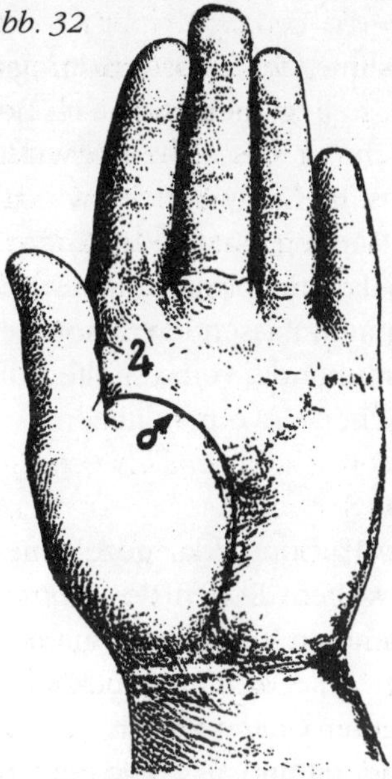

Abb. 33

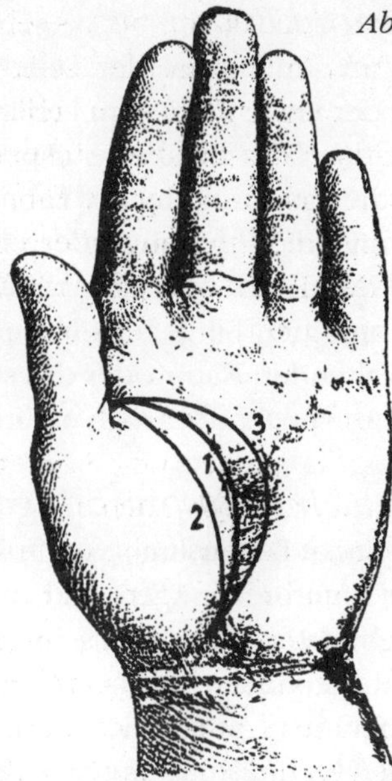

vorzunehmen. Verstärkt werden diese Aussagen bei einem schwach ausgeprägten Thenar, weil in diesem Falle auch die vitalen Willensimpulse abgeschwächt sind.

Breitet sich die Lebenslinie in *zu weitem Bogen*, eventuell über die Mittelachse der Hand hinausführend, aus (Ziffer 3), so ist das Interessengebiet hinsichtlich der Lebensraumbeanspruchung weit überdimensioniert. Bei gleichzeitiger starker Ausprägung des Thenars ergeben sich zusätzlich übersteigerte vital-willensmäßige Triebkräfte, die über den persönlichen ichbezogenen Bereich hinausschießen und die Umwelt und das Du zu beherrschen suchen. Ohnmachtsgefühle und starke Erschöpfungsmomente, die zu zeitweiligen Zusammenbrüchen im vitalen Kraftbereich führen können, sind angezeigt bei einem schwach ausgeprägten Thenar und weit schwingender Lebenslinie.

Mitte und Ende

Liegt im Anfangsteil der Lebenslinie der Selbsterhaltungstrieb, der vitale Wille zum Leben, so liegt im Mittelteil im Bereich der Lebensraumbeanspruchung das Lebensbewußtsein, die Sinnerfüllung des Lebens. Im Endteil finden wir das Ergebnis, die Erfüllung oder Entsagung, Kraft oder Schwäche, Gesundheit oder Krankheit, die Erkenntnisfähigkeit des harmonischen Eingehens in den allumfassenden Schoß der gottwaltenden Natur oder das sträubende, verzweifelte Aufbegehren gegenüber dem natürlichen Unvermeidlichen.

Allgemeine Entsprechungen

Eine *lange* Lebenslinie von *rosa* Färbung, klar gezeichnet, ohne Unterbrechungen und in weitem Bogen den normal ausgebildeten Thenar umschließend, in Verbindung mit normal ausgebildeter Kopf- und Herzlinie, gibt ein glückliches Temperament, ausgeglichenen, guten Charakter, lebensbejahenden Optimismus, gute Gesundheit und als Folge ein langes, glückliches Leben.

Ist diese *lange* Lebenslinie von *blasser* Farbgebung, schwach und oberflächlich gezeichnet, so liegt eine schlechte Gesundheit vor. Das Schicksal gestaltet sich oft ungünstig, dies um so mehr, weil nicht die Kraft gegeben ist, energisch in die sich bietenden Schicksalsläufe – auf sich selbst bezogen – einzugreifen und sie mit Durchsetzungskraft positiv zu bewegen. Neid, Mißgunst und lebensverneinende Melancholie können Folgeerscheinungen sein.

Die *schwach* gezeichnete *kettige* Lebenslinie besagt eine zarte Gesundheit und Anfälligkeit für Krankheiten und oft Schwierigkeiten im Leben. Ist nur der Anfang gekettet, so liegt gesundheitliche Anfälligkeit in der Jugend vor – vielfach Krankheiten des Halses, der Mandeln, fiebrige Erkrankungen, Scharlach, Diphtherie usw. –, außerdem können unglückliche Erlebnisse in der Jugend die Seele belasten.

Eine *unregelmäßig geformte* Lebenslinie von *verschiedener Stärke* zeigt eine wechselnde Gesundheit an, daraus ergeben sich Unbeständigkeit und unkontrollierbare, zeitweilig auftretende aufwühlende Gefühlsmomente.
Eine *kurze* Lebenslinie in beiden Händen bedeutet kurzes Leben, allerdings können Saturn- wie auch die Merkurlinie die Lebenslinie ersetzen, so daß der Lebensstrom in diesen Prinzipien weitergeführt wird.
Gebrochene Linien in beiden Händen an der gleichen Stelle können akute Lebensgefahr darstellen; meist zeigen sich jedoch schicksalsmäßig einschneidende negative Auswirkungen in Form von schweren Krankheiten, Trennungen, Scheidungen usw. Durch eine entsprechend geistig-seelische Einstellung und Kraftentfaltung können diese Einwirkungen abgeschwächt bzw. überwunden werden.
Bruch nur in einer Hand und Linie in der anderen Hand weitergeführt bedeutet lebensgefährliche Krankheit, die überwunden wird (in der Abbildung 34 Ziffer 1).
Bei einer gebrochenen Linie ist sehr oft eine Linie, die seitlich verschoben einsetzt, zu beobachten. Diese Linie führt den Lebensstrom weiter. Zum der Bruchstelle entsprechenden Zeitpunkt tritt eine schicksalhafte Umstellung ein. Diese Umstellung ist nach Überwindung der durch den Bruch angezeigten Schwierigkeiten als günstig zu bewerten, wenn die Verschiebung nach der Handmitte stattfindet (Ziffer 2). Das Schicksal bietet dann eine Erweiterung des Lebensraumes, der Interessen und gibt eine stärkere Ungebundenheit und Freiheiten. Die Versetzung zur Daumenseite (Ziffer 3) bringt gegenteilige Auswirkungen und engt den Lebensraum ein.
Aufsteigende Linien, von der Lebenslinie ausgehend, bringen zu dem Zeitpunkt, der an der Linie ausgemessen werden kann, Aufstieg sowie Erfolge in materieller und ideeller Hinsicht.

Abb. 34

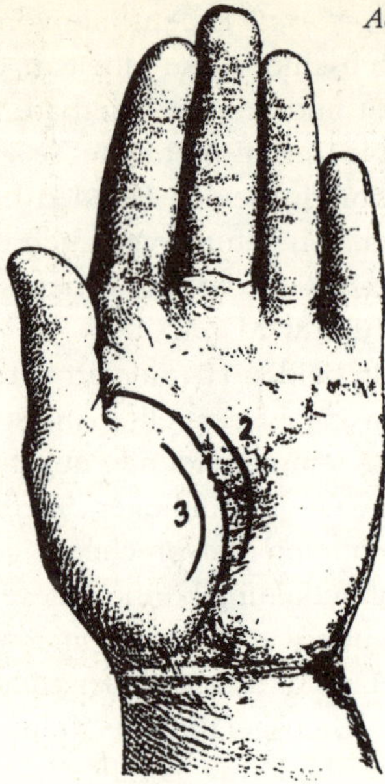

Die Verlaufsrichtung zeigt oft den Interessenbereich, je nachdem, ob die Linie zum Jupiter-, Saturn-Ringfinger-Berg bzw. Merkurberg verläuft. Die Richtung zum Jupiterberg weist auf Aufstieg, verbunden mit Zuwachs an Geltung und Autorität, sowie Vermehrung der finanziellen Mittel (in der Abbildung 35 Ziffer 1). Zum Saturn hin gewendet, bringt sie Aufstieg durch Leistung und führt zu beruflichen, verbunden mit materiellen Erfolgen (Ziffer 2). Zum Ringfinger hin ist ein Aufstieg ideeller, künstlerischer Art bzw. im öffentlichen Leben gegeben und kann, wenn gleichzeitig eine Protektionslinie in der Hand eingezeichnet ist, zu diesem Zeitpunkt Ruhm und Ehren einbringen.

Die Richtung zum Merkurberg (Ziffer 4) symbolisiert einen Aufstieg; aufgrund intellektueller Fähigkeiten sind günstige geschäftliche Entwicklungen, Erfolge im geistigen Bereich

Abb. 35

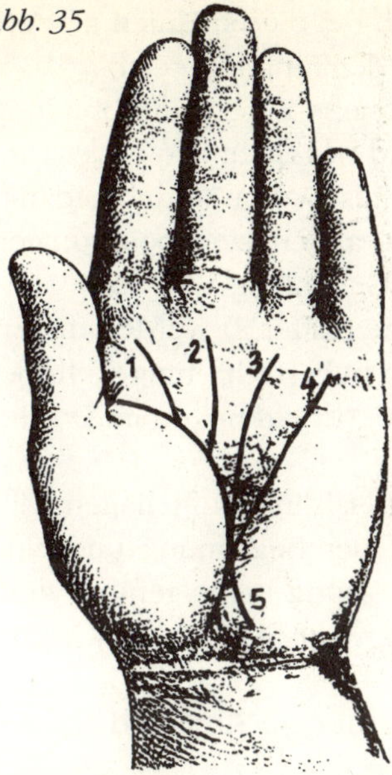

Abb. 36

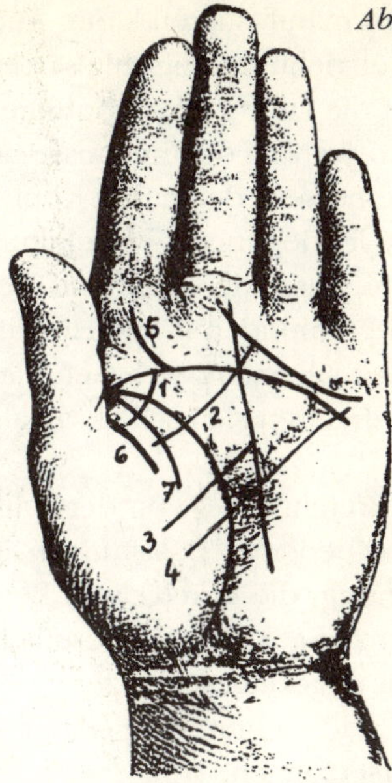

(Schriftstellerei usw.) sowie finanzielle Gewinne angezeigt. Absteigende Linien (Ziffer 5) bedeuten Verluste und materielle Mißerfolge.

Ereignislinien sind Linien, die ihren Ursprung innerhalb des Thenars haben und über die Lebenslinie hinaus in den Handbereich vordringen. Indem sie über die Lebenslinie hinauslaufen, gelangen sie in den Bereich der Umwelt und lösen hier Ereignisse aus. Die ausgelösten Ereignisse können sowohl von günstiger wie auch von ungünstiger Art sein. In der alten Literatur werden sie vielfach als Liebeslinien bezeichnet. Wenn man davon ausgeht, daß die Linie oft im Thenarbereich des Venuseinflusses (zweites Haus) entspringt und im Umweltbereich mit dem Du konfrontiert wird, hat diese Bezeichnung durchaus ihren Sinn. In jedem Falle lösen die Linien Schicksal aus, das sich sowohl in Glück wie auch in

Sorgen manifestieren kann. Auch bei diesen Linien gibt die Verlaufsrichtung Aufschluß über den Einflußbereich.

Endet die Linie in der Kopflinie (siehe Ziffer 1 in Abbildung 36), so werden die Ereignisse und Begegnungen in der Umwelt einerseits durch den Kopf – also Vernunft und gedankliche Überlegungen – beeinflußt, andererseits beunruhigen die Ereignisse den Kopf und die Gedanken.

Beim Einmünden in die Herzlinie (Ziffer 2) werden die Ereignisse überstark von Gefühlen beherrscht, umgekehrt jedoch ergeben sich schicksalhafte Auswirkungen im Du-Bereich.

Eine Ereignislinie, von der Schicksalslinie aufgehalten (Ziffer 3), bedeutet Belastungen in der Begegnung und eine Trennung, die durch diese Begegnung herbeigeführt wird. Gleichzeitig kann ein beruflicher Aufstieg mit Gewinnzuwachs angezeigt sein.

Das Ende im Plutoberg (Ziffer 4) führt zu Streit und Auseinandersetzungen.

Gehen die Linien nur bis zur Lebenslinie und werden dort aufgehalten, so betreffen sie Angelegenheiten des Gemüts, der Sinnenhaftigkeit.

Eine Linie, aus der Lebenslinie oder dem Marsbereich aufsteigend zum Jupiter (Ziffer 5), die sogenannte Ehrgeizlinie, bringt, hervorgerufen durch diesen Ehrgeiz, Erfolg und oft Ehren in Verbindung mit Reichtum. Wird das Geltungsbedürfnis von außen in Frage gestellt bzw. angetastet, so besteht die Gefahr der Resignation.

Eine Marslinie, die im Daumenwinkel entspringt und den Marsberg im Thenar durchquert (Ziffer 6), zeigt ein Übermaß an Lebenskraft und geballter Energie. Sie lebt sich oft im sinnlichen Genuß aus, da sie, aus dem Marsbereich kommend, im Venusbereich (zweites Haus) endet.

Ebenfalls zum Venusbereich (zweite Hausentsprechung) zulaufend und in der Lebenslinie (= Sonnenlinie) entspringend,

finden wir die sogenannte doppelte Lebenslinie, die Protektionslinie (Ziffer 7). Sie gibt, wie der Name besagt, im Leben Protektion. Diese Linie kann, wie eine Hauptlinie, dem Venusberg (= zweite Hausentsprechung) zugeordnet werden. Darüber hinaus vermittelt sie, hervorgerufen durch ihren Beginn in der Lebenslinie (Sonnenlinie), verstärkte Vitalität und Lebenskraft. Sie stellt außerdem einen Schutz für das Leben dar, der von »außen« kommt, also schicksalsbedingt ist. Die Kraft dieser Linie symbolisiert in ihrem Prinzip eine an Wunder (Venus-Sonnen-Entsprechung) grenzende Errettung aus Gefahren und bedrohlichen Situationen.
Neben der Protektionslinie finden wir im Thenar die Angstlinien. Diese Linien liegen isoliert im Thenar. In ihnen werden Querlinien, aus dem Thenar kommend, aufgehalten. Diese Querlinien, die sinnenmäßige Kräfte ausdrücken und zum Ausleben drängen, erleben durch das Angehaltenwerden eine Triebstauung. Die Folge sind unbewußte Angstgefühle, die sich im innersten Bereich ansammeln (siehe auch Ziffer 3 in Abbildung 54).

Weitere Entsprechungen

- Lebenslinie, verbunden mit Kopf- und Herzlinie: Diese Verbindung löst, wenn in beiden Händen, karmische Schicksale aus.
- Lebenslinie breit und rot: Heftigkeit, Brutalität.
- Breit und blaß: bösartiger Charakter, Neid.
- Dick und rot: Robustheit, Gewalttätigkeit.
- Lebenslinie am Ende gut gezeichnet um die Handwurzel verlaufend: langes, glückliches Leben, harmonischer Lebensabend, angenehmer Tod.
- Plötzlich endend: plötzlicher Tod.
- Lebenslinie am Ende gegabelt, dabei eine Gabel im Neptunberg: Absicherung im Alter.
- Lebenslinie allmählich aufhörend: langsames Ende.

Die Kopflinie

Die Kopflinie beginnt auf der aktiven Seite der Hand, zwischen Daumeneinschnitt und unterhalb des Jupiterberges. Die Verlaufsrichtung geht vom Ich-Bereich zum Du-Bereich, vom aktiven in den passiven Raum. Sie durchquert auf ihrem Weg die Ebene der Erde.

Allgemeine Entsprechungen

Sie symbolisiert die Anlage zum Denkvermögen und zur Gedankenkraft, Verstandeskräfte, die Vernunft, das Konzentrationsvermögen, intellektuelle Ausrichtung, die willensmäßige Durchsetzungskraft im Geistigen, die energiegesteuerte Auseinandersetzung mit den Umwelteinflüssen sowie logische Erfassung des realen Lebensablaufes, aber auch Bewußtseinsstörungen, Krankheiten und Unfälle des Kopfes, der Augen, Schädigungen des Zentralnervensystems.

Im »Normalfall« erlangt die Kopflinie in ihrem Ursprung genügend Energie, Durchsetzungskraft, Mut, Entschlußkraft, Elan sowie pulsierenden, zielgesteuerten Willensimpuls. Damit ist sie in ihrem weiteren Verlauf durch die Ebene der Erde, den Raum der Bewußtseins- und Realitätsbezogenheit stark genug, um sich in der Auseinandersetzung mit der Umwelt bzw. dem Schicksal durchzusetzen. Die in diesem Raum aufgegebenen Aufgaben des Gestaltens und Formens werden entsprechend der Erkenntnis rational umgesetzt und damit – der Endaussage der Linienführung entsprechend – dem Ergebnis zugeführt.

Bei schwacher Ausprägung des Marsberges erfahren die vorbezeichneten Ausführungen eine Abschwächung. Ein Weniger an Impulskraft gibt in der Auseinandersetzung ein Minus an Durchsetzung und Bewältigung usw.

Die Aussagen zum Beginn der Kopflinie in Verbindung mit der Lebenslinie sind im Abschnitt über die Lebenslinie bereits beschrieben.

Abb. 37

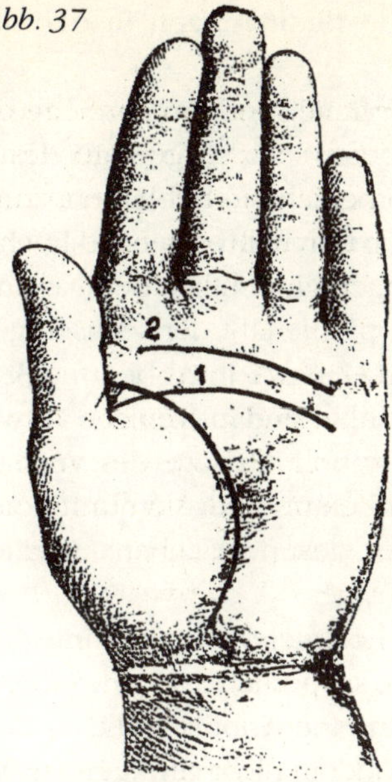

Eine Besonderheit, die selten auftritt, sei noch angeführt: der Beginn der Kopflinie im Bereich des Thenars (siehe Ziffer 1 in Abbildung 37). Hier überschneidet also die Kopflinie die Lebenslinie. Durch den Ursprung im Thenar zapft die Kopflinie im unmittelbaren Bereich der Mars-Venus-zweites-Haus-Entsprechungen des Thenars triebhafte, sinnenmäßige Kraftreservoire an. Die Folge sind belastende Momente, die der naturgemäßen Entsprechung der Kopflinienaussage entgegenstehen. Die Gedanken werden beunruhigt, es tritt daher Unmut, Gereiztheit, Verdrießlichkeit und Streitsucht auf.

Ungünstig ist auch der Anfang, der nicht an der Innenhandkante liegt, also später beginnt (Ziffer 2). Hier ergibt sich eine ungenügende Verwurzelung im Impulsbereich des Mars. Der Mensch wird gleichsam unvermittelt mit den Auseinandersetzungen, die ihn in der Realität erwarten, konfrontiert. Dies

bringt erschwerende Bedingungen in der Umweltbewältigung.
Der Anfang der Kopflinie bestimmt ihre Lage. Einmal trennt die Kopflinie den oberen seelisch-geistigen Handbereich vom unteren seelisch-körperlichen Triebhaften, zum anderen gibt sie in dieser Funktion durch ihre Lage, ob hoch oder tief gelegen, wichtige Aussagen hinsichtlich der Daseinsbewältigung. Die tiefgelegene Kopflinie läßt der seelisch-geistigen Ebene einen großen Raum (Ziffer 1 in Abbildung 38). Die körperlich-triebhaften Instinkte sind in Grenzen verwiesen, werden von der Kopflinie in ihrer Aussage des Verstandes, der willensmäßigen Gedanken und der Vernunft kontrolliert. Optimismus, Fröhlichkeit, gesunder Lebens- und ideeller Gestaltungsfluß sind die Folge.
Umgekehrt läßt die hochgelegene Kopflinie dem Bereich der seelisch-triebhaften, körperlichen Ebene einen großen Raum (Ziffer 2). Hier kann eine Kontrolle dieses Bereiches durch die Kopflinie nicht oder in nicht genügender Weise erfolgen. Gleichzeitig wirkt die Kopflinie in ihrer hohen Lage auf dem seelisch-geistigen Bereich belastend auf die Gefühle. Die Gefühle und das geistig-seelische Empfinden werden in verstandesmäßige Vernunft und realitätsbezogen-nüchterne Lebensbereiche integriert.
Eine klare Kopflinie von gesunder rosa Farbe, ohne Unterbrechungen von geradem, leicht geneigtem Verlauf sollte im Bereich zwischen Pluto- und Mondberg etwa 2 cm vom Handrand auslaufen. Eine so gezeichnete Kopflinie belegt Verstandesbetonung, gesunde Denkkraft, Logik, Intelligenz, willentliche Bewältigung der irdischen Lebensaufgaben sowie ausgewogene Du-Bezogenheit.
Endet die Kopflinie im Plutoberg (Abbildung 39), dann verfolgt sie einen linearen Verlauf. Dies gibt eine Betonung der sachlichen Interessen. Der Handeigner überbetont die kämpferischen Momente, das Bestreben, sich in der Umwelt zu

Abb. 38

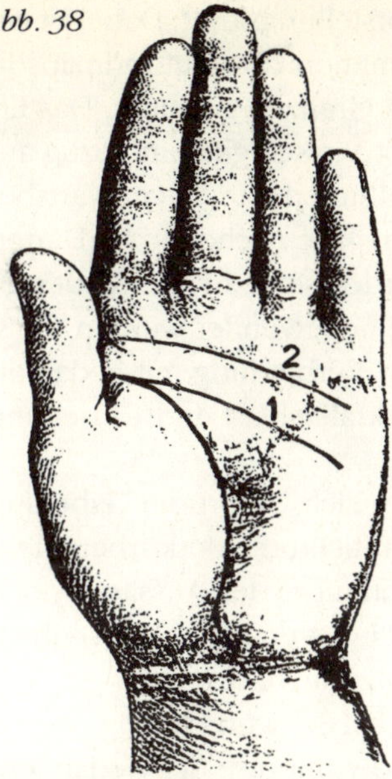

Abb. 39

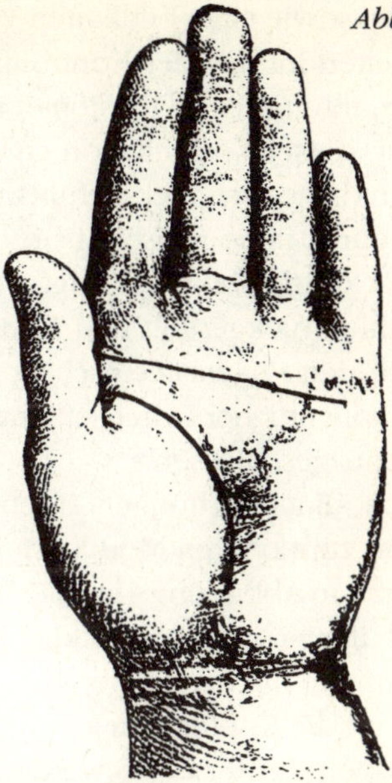

behaupten und durchzusetzen, ist von klarer Überlegung, kalter Berechnung und durchschlagender Gedankenkraft. Handeigner mit dieser Linienführung können Beleidigungen und Niederlagen nicht vergessen.

Ist diese Linienführung bis zur Perkussion = Handkante (siehe auch Seite 171) durchgeführt, so erfahren die Entsprechungen eine Ergänzung im Aussagebereich. In diesem Falle kommen Selbstsucht, Egoismus, Rechthaberei, Debattiersucht, materieller Geschäftssinn sowie die Manie, das Du zu beherrschen, zum Ausdruck.

Endet ein Zweig im Plutoberg und geht ein anderer in leichtem Schwung in den oberen Mondberg (Abbildung 40), so haben wir eine Kombination zwischen Pluto- und Mondbergaussagen: Klare Überlegung, Realitätsempfinden, willentliche Stärke verbinden sich mit Phantasie, innerer Erlebnisfähigkeit sowie einer bildhaften Vorstellungskraft. Dabei ist ein Abgleiten infolge der Kontrollfunktion des Plutoprinzips in labile, träumerische Illusionen in Grenzen gehalten. Das Ergebnis dieser Konstellation ergibt Vielseitigkeit in bezug auf gedankliche wie auch gefühlsmäßig erlebte Gegenwartsbewältigung, diplomatisches Geschick, je nachdem, ob Härten verdeckt und Gefühl gezeigt werden soll bzw. muß oder ob Gefühl zurückgestellt und Härte angewendet werden muß. Durch den Phantasieeinschlag in Verbindung mit gedanklicher willentlicher Durchsetzungskraft ist List und Täuschung nicht ausgeschlossen.

Gleiche Entsprechungen ergeben sich, wenn die Gabelung anstatt zum oberen Mondberg in Richtung Merkurberg geht (Ziffer 1 in Abbildung 41). Hier kommt zu den Aussagen noch geschäftsmäßige Geschicklichkeit, eventuell Gerissenheit, verbunden mit materieller Ausnutzung, hinzu.

Verläuft die Kopflinie in anmutigem Schwung in den oberen Mondberg (Ziffer 2), so werden die Impulse der Gedankenkraft, des realen Bewußtseins und die willensmäßige Gestaltungskraft in Bezug gesetzt zu idealistischen Bestrebungen, zur kreativen Gestaltungskraft, zu bildhaftem Denken und zur gedanklichen Erlebnisfähigkeit.

Ein zu tiefes Absinken in den Mondbereich (Ziffer 3) bedeutet ein Abfließen und Verströmen der bewußten Gedankenkräfte des realen Empfindungserlebens in irreale, unbewußte Traumgebilde und lebensunwirkliche Triebempfindungen. Melancholische sowie depressive Neigungen und Auslebungen sind die Folge. Findet die Absenkung der Kopflinie dabei unterhalb des Saturneinflusses statt (Ziffer 4), so bleibt die Einflußsphäre der Kopflinie im ichbestimmten Bereich isoliert. Es findet somit keine oder eine gestörte Du-Beziehung statt. Die Gedankenimpulse kreisen um sich selbst, die Aktionsfähigkeit ist eingeengt, die unbewußten Triebempfindungen schlagen verstärkt in die Eigenbezogenheit zurück.

Abb. 40

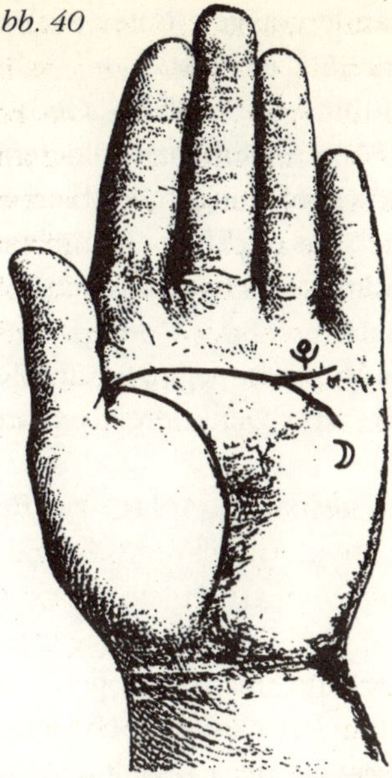

Abb. 41

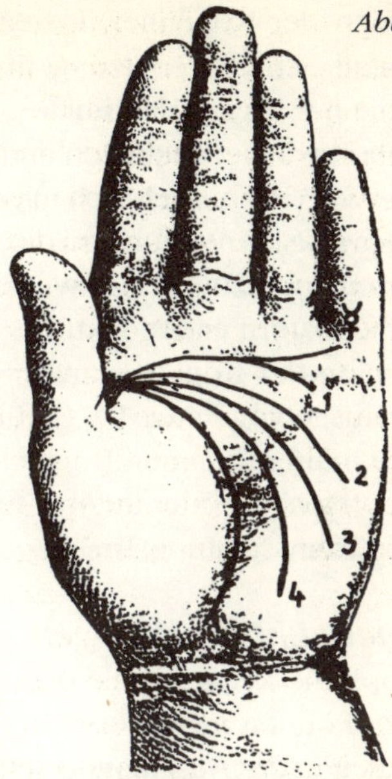

Gemäß den Entsprechungen der Kopflinie, die einem starken Marseinfluß unterliegen, gestalten sich die Schicksalsauswirkungen, symbolisiert in den Endungen des Linienflusses, in entscheidendem Maße im mittleren Teil der Linie, die dem Saturneinfluß unterliegen. Mars und Saturn geben die Schicksalsfügungen, die überwunden werden müssen oder an denen der Mensch zerbricht.

Da der Saturneinflußbereich gleichzeitig den Bereich der Ebene der Erde sowie der Merkurentsprechungen im Sinne des horoskopischen sechsten Hauses darstellt, ergeben sich zusätzliche schicksalsschwere Aspekte in bezug auf Daseinsbewältigung, Mühen, Sorgen sowie körperliche Entsprechungen bezogen auf Krankheiten, Unfälle usw. Störungen der Kopflinie in diesem Bereich sind daher immer von unheilvollem Einfluß:

- Bruch der Kopflinie, übereinandergelagert unter Saturn: Unfall, Schädelverletzung, manchmal tödlich.
- Linie nur bis zur Handmitte geführt, kurz: Willens-, Gedankenschwäche, unkonzentriert, Sorgen, Mühen, resultierend aus der Unfähigkeit, sich mit den Forderungen, Problemen und Aufgabenstellungen, die sich aus der Umwelt ergeben, auseinanderzusetzen bzw. sie kämpferisch anzugehen.
- Unter Saturn endend: kurzes Leben.
- Beginn der Kopflinie unter Saturn (sehr selten): Kämpfe, Unausgewogenheit im Gefühls- und Denkbereich, Starrheit, daher Kummer, Unglück.
- Kopflinie vor oder unter Saturn gespalten: Anlage zur Bewußtseinsspaltung, Irrsinn.

Weitere Entsprechungen

- Kopflinie kettig: Denkvorgänge sind unausgewogen, unstet, können nicht zielstrebig aktiviert werden, Schwierigkeiten in der Auseinandersetzung mit der Umwelt.
- Kopflinie blaß: Auch hier fehlen aktive Zielstrebigkeit sowie Entschlußkraft.
- Kopflinie lang, dünn: Die Verstandes- und Denkkräfte unterliegen der Unbeständigkeit und Schwäche. Es besteht Mangel an Konzentration, Besonnenheit, Sachlichkeit.
- Kopflinie lang und stark gezeichnet: überstarke Energie, Härte, Streitsucht.
- Kopflinie zur Herzlinie aufsteigend: Verstandeskräfte werden von Gefühlsmomenten beunruhigt, daher Unverstand und Unbesonnenheit.
- Bei starker Dominanz der Kopflinie kann umgekehrt auch eine Belastung der Gefühle durch diese Kopflinie angezeigt sein. Dann findet eine »Ernüchterung« im Gefühlsbereich statt.
- Kopflinie gewunden: unklare, gewundene Zielrichtung, Ausweichen vor Verantwortung, Unehrlichkeit, Unent-

Abb. 42

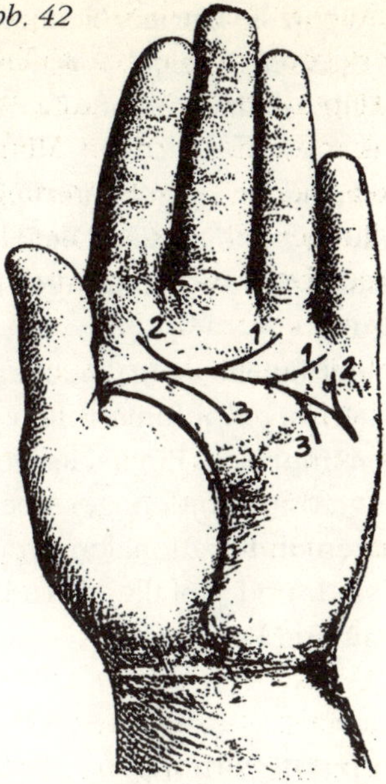

schlossenheit und Ausweichen in der Auseinandersetzung mit der Aufgabenstellung im Bereich der Umwelt.

- Kopflinie breit: unscharfe, gewöhnliche Denkvorgänge, ungeschlacht.
- Unterbrechungen der Kopflinie: Der ungestörte Kraftfluß ist nicht gewährleistet, so daß immer wieder mit neuen Ansätzen den Auseinandersetzungen in der Umwelt begegnet werden muß. Das konzentrierte Durchhaltevermögen ist durch die Kräfteschwankungen nicht gegeben. Daher und bedingt durch die Unkonzentriertheit und Schwäche ergeben sich Krankheiten des Kopfes infolge Verletzung, Unfall oder nervenbedingter Art, durch Belastung.
- Äste der Kopflinie, aufsteigend zur Herzlinie:

  a) In Verlaufsrichtung (Ziffer 1 in Abbildung 42): Durchdringung der Ebene der Erde mit Impulsen der Kopflinienentsprechungen. Wenn sie klar gezeichnet ist, erfolgt eine Auflockerung in diesem Bereich. Positive, optimistische Gedanken- und Willenskräfte beeinflussen die Umwelteinwirkungen.

b) Gegen die Verlaufsrichtung gerichtet (Ziffer 2): Hier findet keine Zuwendung zum Du statt. Die Richtung der Äste ist eigenbezogen, also rückbezüglich auch hinsichtlich der Zukunftsbewältigung.

– Äste der Kopflinie abfallend zum Triebbereich (Ziffer 3): Die Entsprechungen der Kopflinie treten in Verbindung mit unterbewußten Impulsen. Einerseits werden die unterbewußten Kräfte geformt. Andererseits besteht eine Neigung zum Visionären und Irrationalen, weil die Äste rückwärts gerichtet sind und abfallend verlaufen. Ebenso können Schwermut und Pessimismus bestehen.

Die Herzlinie (Jupiterlinie)

Die Herzlinie entspringt im passiven Teil der Hand auf der Ulnarseite unterhalb des Merkurberges. Die Verlaufsrichtung geht zum Aktivbereich. In ihrer Lage empfängt sie die subtilen Impulse, die dem geistig-seelischen, emotionalen Bereich entsprechen.

Allgemeine Entsprechungen

Sie symbolisiert gemäß diesen Entsprechungen die Kontaktbereitschaft in der geistigen Kommunikation und die verständnisvolle, herzensmäßige Hinwendung zur Umwelt (Merkureinfluß), die ideelle Seite der Liebesempfindungen (Venuseinfluß, siebtes Haus), moralische, sittliche Kraft und Treue (Saturneinfluß) sowie gemüthafte Erlebnisfähigkeit, Großzügigkeit, optimistische Grundgestimmtheit im Gefühlsbereich (Jupitereinfluß).

Abb. 43

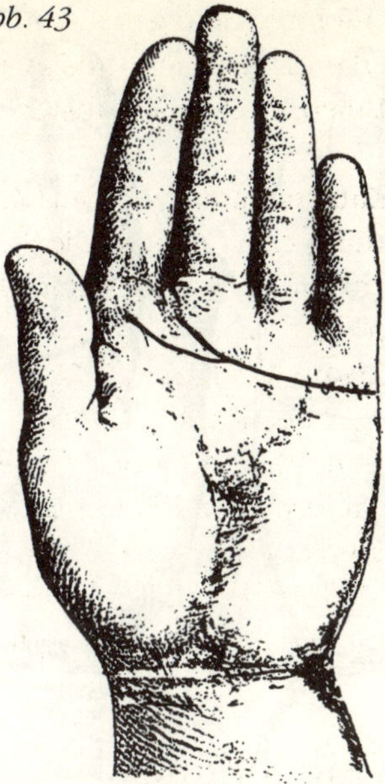

Ist die Kopflinie in ihrer Wirkung im bewußten Realitätsbereich aktiv, bestimmend, ausführend, so ist die Herzlinie im Bereich der geist-seelischen, emotionellen Eingebundenheit passiv-empfangend und gebend.
Geht die Kopflinie in ihrer Führung vom Ich zum Du, so geht die Herzlinie vom Du zum Ich. In dieser Zielrichtung liegt ihre Schicksalsbestimmung.
Die klar gezeichnete Herzlinie (Abbildung 43) – von gesunder rosa Farbgebung, frei von Unterbrechungen, Durchstrichen usw. – endet im Idealfall in anmutigem Schwung verästelt im Bereich des Jupiterberges. Die so ausgeprägte Linie symbolisiert Größe der herzensmäßigen Empfindungen, tiefe seelische Erlebnisfähigkeit, Großmütigkeit, Nachsicht, Einfühlungsvermögen in mitmenschliche Probleme. Umgekehrt werden auch ideelle wie materielle Segnungen empfangen.

Abb. 44

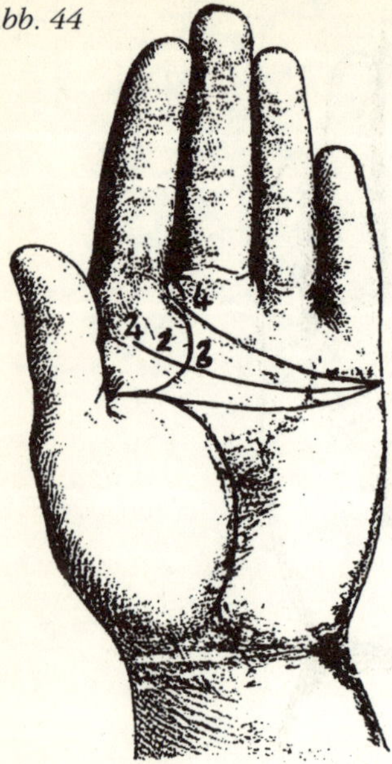

Abb. 45

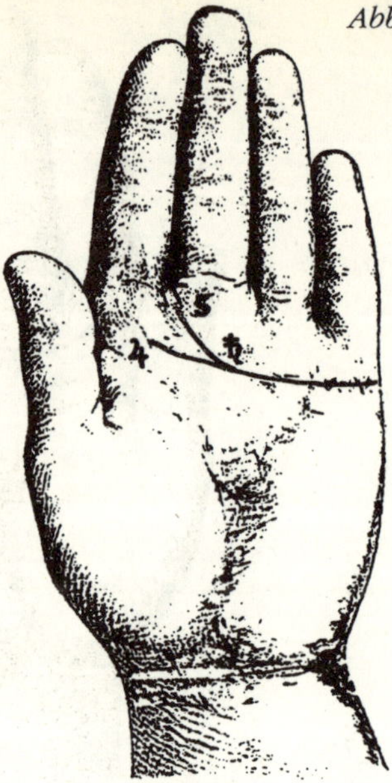

Endet dagegen die Linie unverästelt und gerade im Jupiterberg (Ziffer 2 in Abbildung 44), ergeben sich Abstriche in bezug auf Wärme, echte Gefühlsbetontheit sowie selbstlose Herzensgüte. Statt dessen besteht ein unbeirrbarer Drang zu Ehrgeiz, idealistischen Bestrebungen in der weiteren sozialen Umgebung bei gleichzeitiger Vernachlässigung des unmittelbaren Lebenskreises. Die Leidenschaftlichkeit in der Liebe ist weniger ausgeprägt, sie lebt sich mehr oder weniger geistig-seelisch aus. Dabei besteht die Tendenz, die eingegangene Verbindung nach außen hin als harmonisch darzustellen.

Verläuft die Linie quer und linear von einem Handrand zum anderen (Ziffer 3), so ergeben sich Besitzergreifungstendenzen, die voller Leidenschaftlichkeit, maßloser Eifersucht und in tyrannischem Bestreben das Du als Objekt aggressiv zu binden trachten. »Verfehlungen« des Partners, der bei diesen

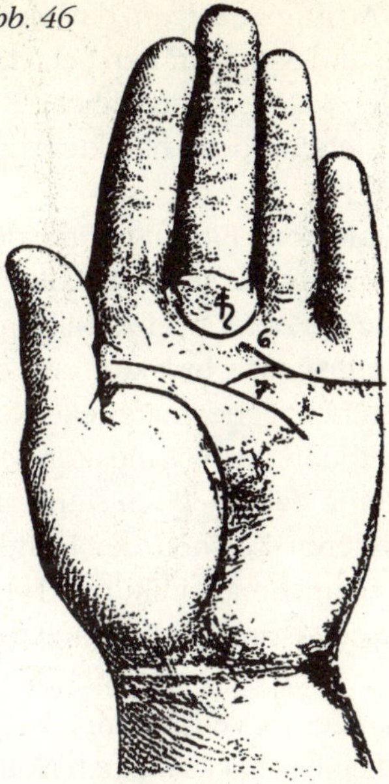

Abb. 46

Neigungen auszubrechen versucht, können nie verwunden werden und führen zu Selbstquälerei und Leid.
Die Endung zwischen Jupiter- und Saturnfinger (Ziffer 4 in Abbildung 45) löst ebenfalls Eifersucht und Egozentrik aus. Die Zuneigung im Liebesverhältnis ist intensiv, von manchmal starker Sinnenhaftigkeit und nicht immer auf denselben Partner bezogen. Dies wird aber schicksalsmäßig oft überschattet durch leidvolles Erleben, Trennungen infolge Entfremdung oder Tod des Partners. Die Folge liegt in Traurigkeit und kann zu Egoismus und Resignation führen. Geht bei dieser Endung ein Zweig in den Jupiterberg (Ziffer 5), so bleiben die schicksalhaften Auswirkungen auch hier existent und zeigen sich sowohl in verhängnisvollen wie auch bedeutungsvollen Ereignissen. Letzten Endes wird sich die Problematik aber immer wieder glücklich auflösen.

Die beiden letzten Aussagen zeigen, daß Berührungspunkte zwischen Herzlinie und Saturnkräften Schicksal auslösen: in bezug auf liebevolle zwischenmenschliche Beziehungen, im Bereich des Gefühlslebens, des Charakters und der materiellen Daseinsbewältigung.

Ein Ende der Herzlinie ohne Einflußnahme der Jupiterprinzipien unter Saturn bringt daher für den Handeigner erschwerte Lebensbedingungen (Ziffer 6 in Abbildung 46). Die Haltung ist in sich gekehrt, der Charakter und die Zielrichtung sind auf reale, pflichtbezogene, materielle Nutzeffekte abgestellt, das Gefühl entbehrt der Wärme, Zärtlichkeit, der inneren Anteilnahme, kann dabei jedoch stark sinnlich sein. Mit entsprechenden anderen Zeichen der Hand korrespondierend, bedeutet dies manchmal ein kurzes Leben.

Fällt bei der Endung ein Ast auf die Kopflinie (Ziffer 7), so wird in dieser Aussage das Denken mitbeeinflußt. Gefühl und Verstand treten miteinander in Verbindung. Auch diese Verbindung entbehrt nicht einer schicksalhaften Note. Es besteht die Gefahr, daß durch das Vermischen von Kopf- und Herzdenken ein Ausleben im Leidenschaftlichen, Gefühlsaufwühlenden erfolgt, das zu leidhaften Empfindungen und Erfahrungen schwerwiegender, ja unheilvoller Art führen kann. Dies kann von zeitweiligen tief depressiven Anwandlungen bis zur Aufgabe der Lebensinteressen gehen. Lähmungserscheinungen, insbesondere in der Familie, können angezeigt sein.

Eine weitgehende Abmilderung erfährt die Verbindung, wenn die Herzlinie hierbei über Saturn hinaus entweder weitergeführt wird oder einen weiteren Ast zu Jupiter schickt. Dies unterstreicht zwar die Gefühlsbetontheit auch im Leidenschaftlichen, gibt aber einen glückhaften Halt im Empfinden der durch Jupiter angezeigten Kräfte. Aus gemachten Enttäuschungen werden Lehren gezogen, und der Handeigner hat die Möglichkeit, aus diesen Lehren heraus sein zukünftiges Leben positiver zu gestalten.

Abb. 47

Abb. 48

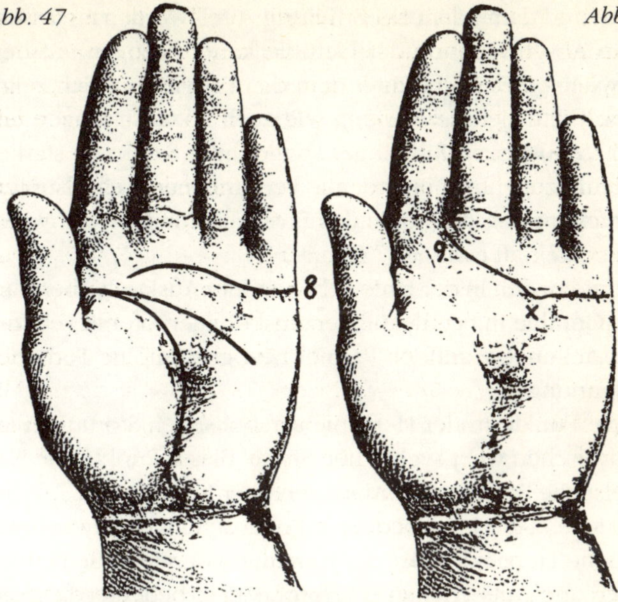

Weitere Entsprechungen

- Ende der Herzlinie abwärts geneigt gegen Kopflinie (Ziffer 8 in Abbildung 47): Beeinflussung der Gefühle durch Kopfdenken; es besteht die Tendenz, den Lebensfluß durch allzu starke Ernsthaftigkeit, Zurückhaltung, egozentrische Ichbezogenheit, Härten und Heftigkeit in Bahnen zu lenken, die sich dann mitunter in Eifersucht und depressiven Neigungen ausleben.
- Ein anmutiger Schwung der Herzlinie ist dann nicht gegeben, wenn die Herzlinie in irgendeinem Bereich absackt (Ziffer 9 in Abbildung 48). Das Absacken symbolisiert ein »In-sich-selbst-Fallen«, es fehlt der geistige Schwung, die Gefühle und Empfindungen können keinem höheren Impuls zugeführt werden. Die Bereitschaft und das Warten auf Erfülltwerden sind stärker als das »Aus-sich-Heraustre-

ten« und damit dem Du Erfüllung zuteil werden zu lassen. Die Abschwächung der Gefühle kann, bezogen auf den jeweiligen Bereich, unter dem die Auswirkung sich zeigt, unerfüllte Liebeserwartung wie auch Enttäuschungen unter Venus- bzw. Ringfinger sowie unter Saturn zu starker Sachbezogenheit und damit verbundener Gefühlsunterdrückung mit der Folge des Entsagens und der Schwere, Aussagekraft erlangen (Ziffer 9).

- Vertiefungen in der Linie geben immer Auskunft über starke Gefühle in bezug auf Herzenskummer, oft mit Lebensumstellungen, auf den Partner bezogen, infolge Tod oder Trennungen.
- Rote Punkte in der Herzlinie symbolisieren Störungen im physischen wie psychischen Sinne. Blasse Punkte wie Nadelstiche liefern meist Aussagen über Krankheiten.
- Brüche in der Linie bedeuten Enttäuschungen sowie organische Herzleiden. Ist die Herzlinie von vielen feinen Linien und Querstrichen unterbrochen, so bedeutet dies Störungen im Gefühlsleben, seelische Belastungen, häufige Verliebtheit und dadurch oft unglückliche Auswirkungen. Inseln bedeuten Ausweglosigkeit für die angezeigte Zeitspanne im gefühlsmäßigen Bereich. Eine Herzlinie, in viele Striche aufgelöst und zerrissen, zeigt Unausgeglichenheit sowie unkonzentrierte, immer wieder im Neubeginn ansetzende gefühls- und liebesbezogene Lebensäußerungen.
- Die kettenförmige Herzlinie kennzeichnet einen Menschen von zwar starken Zuneigungen, aber leicht entflammbaren Liebesbeziehungen, launenhafter, flirtmäßiger Unbeständigkeit und allen Anreizen auf Befriedigung geöffneten Gefühlsregungen sowie organische Herzleiden.
- Die breite Herzlinie verkörpert starke Sinnlichkeit (organisch: Herz- und Venenerweiterung).

  a) Wenn sie dabei gleichzeitig tief ist: Überschwang der Gefühle, verbunden mit dominierender Eigenliebe.

b) Dabei bleich: Blasiertheit, gefühllose Ausschweifung.

c) Dabei rot: Heftigkeit bis brutale Besitzaneignung im herzensmäßigen Bereich.

- Die dünne, feine Herzlinie läßt zwar Verliebtheit erkennen, entbehrt aber der tiefen, ausdauernden, warmherzigen Liebesfähigkeit. Sie macht zur Eigenliebe geneigt und tendiert bei fadenartiger Ausgeprägtheit zu nüchternem, oberflächlichem, ja berechnendem Ausleben der Gefühle.

  Fein gezeichnet und dabei gleichzeitig tief, gibt sie Beständigkeit und fein ausgewogenes Gemütsempfinden.
- Die doppelte Herzlinie (selten, oft ist es nur ein gut ausgeprägter Venusgürtel, der eine nervöse Überreizung darstellt) symbolisiert eine Überbetontheit im Gefühlsbereich sowie starke emotionale Auslebungen.
- Eine glatte, unverästelte Herzlinie besagt ein unbewegtes, ruhiges und anspruchsloses Temperament. Die Gefühle sind beherrscht und unkompliziert.
- Abzweigungen in Richtung der Linie und oberhalb sind positiv schwingend und geben optimistisch bewegende, seelisch-geistige Gleichgestimmtheit der Gefühlsempfindungen (Ziffer 1 in Abbildung 49).
- Abzweigungen in Verlaufsrichtung zur Kopflinie gerichtet berühren die Denkrichtung und zeigen Belastungen der Gefühle einerseits und der Gedanken andererseits an (Ziffer 2).
- Abzweigungen entgegen der Verlaufsrichtung spiegeln Negatives wider. Sie geben leidvolle Erfahrungen und seelische Belastungen (Ziffer 3).
- Eine gewundene Herzlinie besagt Unzuverlässigkeit in den Gefühlsaussagen, mangelnde Treue und Verstelltheit.
- Die kurze Herzlinie bringt oft starke eifersuchtsbezogene Sinnlichkeit mit der gleichzeitigen Tendenz der Unbeständigkeit.

Abb. 49

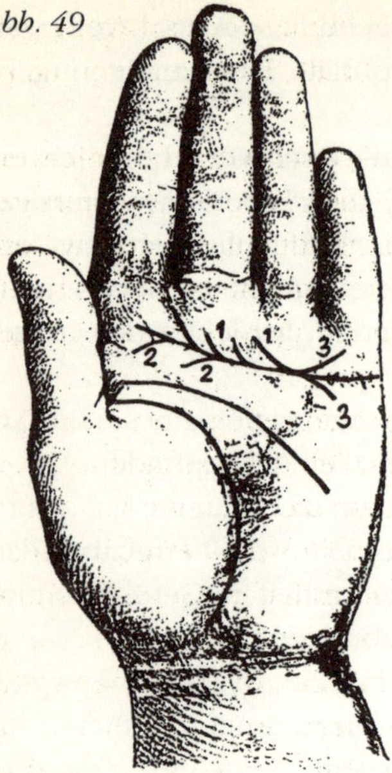

Abb. 50

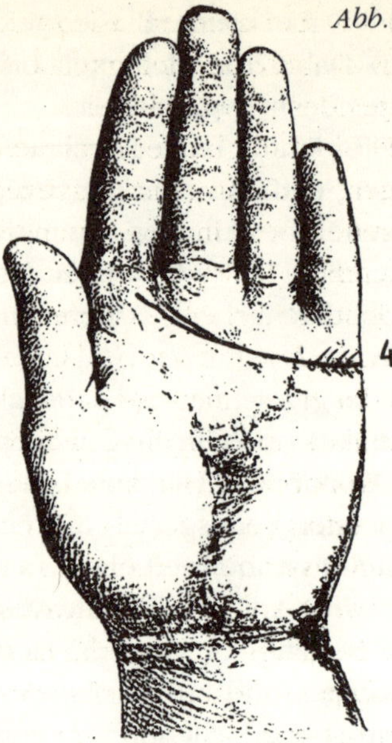

- Schneiden Äste, von der Herzlinie kommend, die Lebenslinie, so sind damit Ereignisse, die das Heim, die Familie betreffen, und seelische Erschütterungen, Todesfälle in der Familie usw. angezeigt.
- Kleine Linien entgegengesetzt der Laufrichtung der Herzlinie am Anfang und zu beiden Seiten geben ein glückliches Naturell, jugendlichen Optimismus und bringen Wohlstand (Ziffer 4 in Abbildung 50).

Die gesperrte Hand

Wenn Herz- und Kopflinie in einer Linie zusammenfallen, ergibt sich die »gesperrte Hand« (Abbildung 51). Bei dieser Konstellation haben wir das Phänomen, daß sich zwei in entgegengesetztem Verlauf befindliche Kraftströme von unterschiedlicher Aussagefähigkeit des Gefühls zum Verstand verbinden. Es berühren sich zwei Extreme, verschmelzen miteinander: aktive, willentliche Stoßkraft mit passivem, empfangendem Empfinden.

Eine Blockade beider Kräfte kann jedoch auf Dauer nicht erfolgen, weil dann die diesbezüglichen Lebensimpulse abgeschnitten bzw. in ihrer lebendigen Kraft aufgehoben wären, was einem Stillstand, einem lebensverneinenden Status entspräche. Daher gibt es immer eine hochgelegene, eine tiefgelegene oder eher zur Handmitte verlagerte Sperrung.

Bei der *hochgelegenen Sperrung* interpretiert man die Kopflinie als »in der Herzlinie integriert«. Durch dieses Aufnehmen der Kopflinie gebührt der Herzlinie die Führungsrolle. Der Fluß erfolgt also hier im Sinne der Herzlinie vom Passiven zum Aktiven. Es besteht eine Vorherrschaft der Gefühlskräfte über die Denk- und Verstandeskräfte. Diese Aussage erfährt eine Bestätigung insofern, als sich durch die nach oben verschobene Lage der Kopflinie der Raum des Körperlichen einerseits vergrößert und zum anderen die Kontrollfunktion der Kopflinie nicht mehr gegeben ist. Tendenzen, die gefühlsmäßigen Impulse hemmungslos auszuleben, können hier die Folge sein. Es fehlen die gesteuerten, willensmäßigen, vernunftgehaltenen Kräfte des »Kopfes«, um hier den auf das »Herz« ungehindert einströmenden, leidenschaftlich geladenen, triebkörperlichen Entsprechungen zu begegnen. Hier regiert das Herz den Kopf.

Gegenteilige Aussagen müssen erwartungsgemäß die Entsprechungen bringen, die eine *tiefgelegene Sperrung* ergeben. In diesem Falle wird die Herzlinie von der Kopflinie aufgenommen. Hier geht also der Fluß der Kräfte vom Aktiven zum Passiven. Die Verstandes- und Willenskräfte dominieren über die Gefühls- und Empfindungskräfte. So gesehen gewinnt zwar der obere geistig-seelische Raum der Hand eine große Ausdehnung, aber die Herzlinie in ihrer Eigenschaft als aufnehmendes Prinzip ist durch die tiefe Lage unfä-

Abb. 51

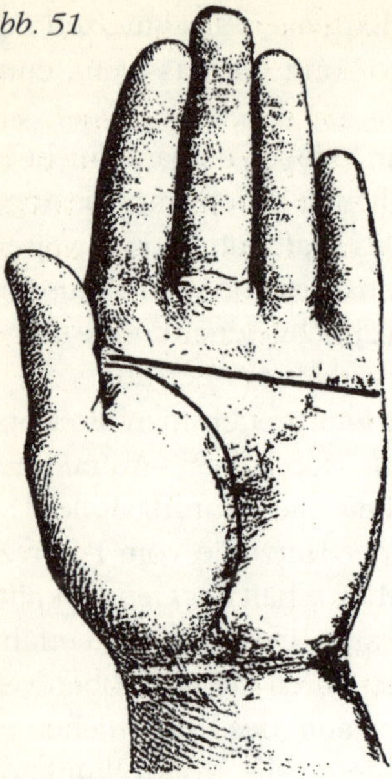

Abb. 52

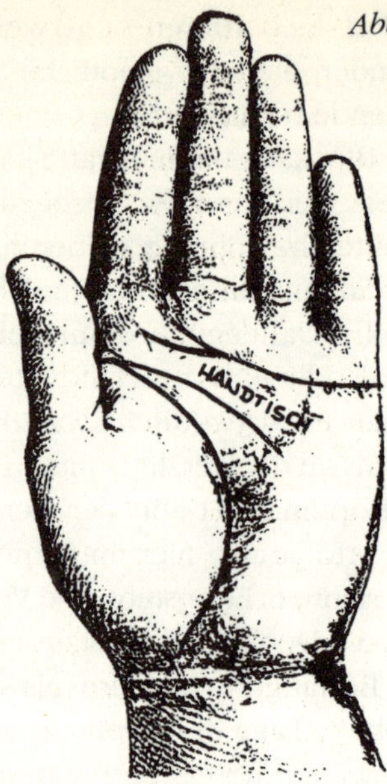

hig, diese Impulse der oberen Berge aufzunehmen. Umgekehrt kann die Kopflinie ihre Kontrollfunktion im körperlichen Triebbereich ausüben. Die Folge dieser Entsprechung sind verstandesbetonte Äußerungen, die sich in Unterdrükkung von Gefühl und Wärme manifestieren: Berechnung, kühle Überlegung, kaltherzige Gedankenvorherrschaft. Als Auswirkungen dieser Vorherrschaft zeigen sich innere Verkrampfung, heftiger Durchsetzungsdrang der vorgefaßten, eigenbezogenen Denkmuster und damit Störungen im Gefühlsbereich und des seelischen Gleichgewichts.

Bei der *nach der Handmitte verlagerten* gesperrten Hand kann fast ausnahmslos eine Herauslösung einer Endung, entweder der Herz- oder der Kopflinie, festgestellt werden. Eine der Linien mündet also immer in der anderen, die die Endung nicht aufweist. Relevant für die Interpretation ist bei dieser

Konstellation die Linie, die das Ergebnis der Aussage in ihrer Endung realisieren kann.
Handeigner mit der gesperrten Hand sind oft originell. Sie lehnen auf der einen Seite jeden Zwang ab, sind aber andererseits bereit, andere auszunutzen. In ihrem Leben haben Liebesbeziehungen, gleich, ob sie nun hemmungslos ausgelebt oder einer nüchternen, entsagenden »Ideologie« unterliegen, entscheidenden Einfluß auf das Schicksal. Aus diesem Grund sind Kurzschlußhandlungen mit oft tragischem Ausgang nicht ausgeschlossen.

Der Handtisch

In ihrer normalen Lage bilden Herz- und Kopflinie den sogenannten Handtisch in der Handmitte (Abbildung 52).
Ist der Raum zwischen beiden Linien breit, so besagt dies Großzügigkeit, Großmut, geistige Erkenntnisfähigkeit, Klugheit, seelische Aufgeschlossenheit und gesunde Urteilsfähigkeit.
Bei gleichzeitiger leichter Erhöhung des Raumes, der ja der Ebene der Erde entspricht, liegt eine positive Meisterung der Lebensfragen mit der Tendenz des materiellen Erfolges im Bereich des Möglichen.
Gestaltet sich der Raum zu eng, so tritt ein Gefühl der Enge auf. Der Handeigner neigt zur Vorsicht, Sparsamkeit bis Geiz, zu vorgefaßten Meinungen und Ängstlichkeit.
Entsprechend diesen Charakteraussagen können im pathologischen Sinne ebenfalls Gefühle der Enge auftreten, die sich in Asthma sowie Angina pectoris äußern.

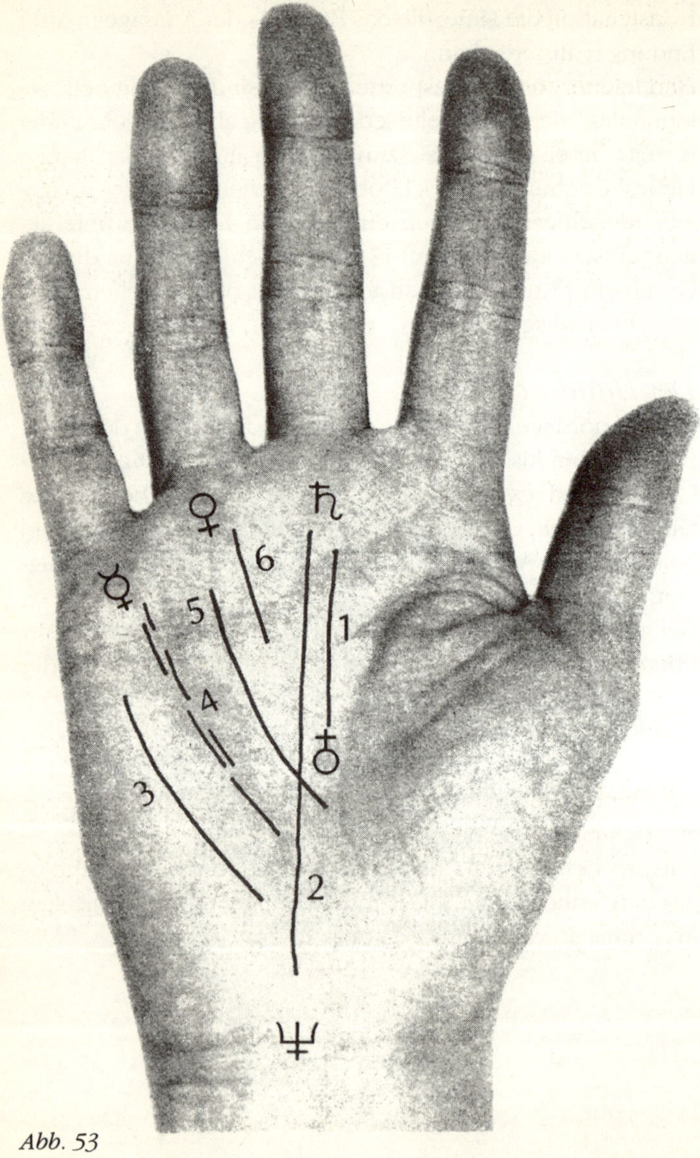

Abb. 53

Nebenlinien im Überblick

Erste Kategorie

- Saturnlinie (♄):
  a) Saturnlinie Anfang im Bereich der Ebene der Erde (♁): kampfbetont, Mühen, Sorgen (Ziffer 1 in Abbildung 53, Ziffer 1 in Abbildung 58).
  b) Beginn der Saturnlinie in der Handwurzel/Neptunberg (♆): ererbte Vitalität, Selbständigkeit, Unabhängigkeit, Sicherheit (Ziffer 2 in Abbildung 53, Ziffer 1 in Abbildung 56).

- Merkurlinie (☿):
  a) Merkurlinie (Leber-, Magen- oder Gesundheitslinie) lang und klar gezeichnet, zum Merkurberg (☿) verlaufend: Nervenstärke, Sinnerfüllung im Leben, Gesundheit und geistige Beweglichkeit (Ziffer 3 in Abbildung 53).
  b) Merkurlinie zerrissen: Nervenbelastung, Zersplitterung, aber Vielseitigkeit (Ziffer 4 in Abbildung 53, Ziffer 2 in Abbildung 64).

- Kunstlinie (♀):
  a) Beginn der Kunstlinie (Venus-, Apollo- bzw. Ringfingerlinie) in der Lebenslinie: persönlichkeitsbezogene Talente und Begabungen, kreativer, formerischer Schaffensdrang (Ziffer 5 in Abbildung 53, Ziffer 1 in Abbildung 71).
  b) Beginn der Kunstlinie im Bereich der Herzlinie: Optimismus, glückliche Du-Bezogenheit, Herzensfrische (Ziffer 6 in Abbildung 53, Ziffer 7 in Abbildung 71).

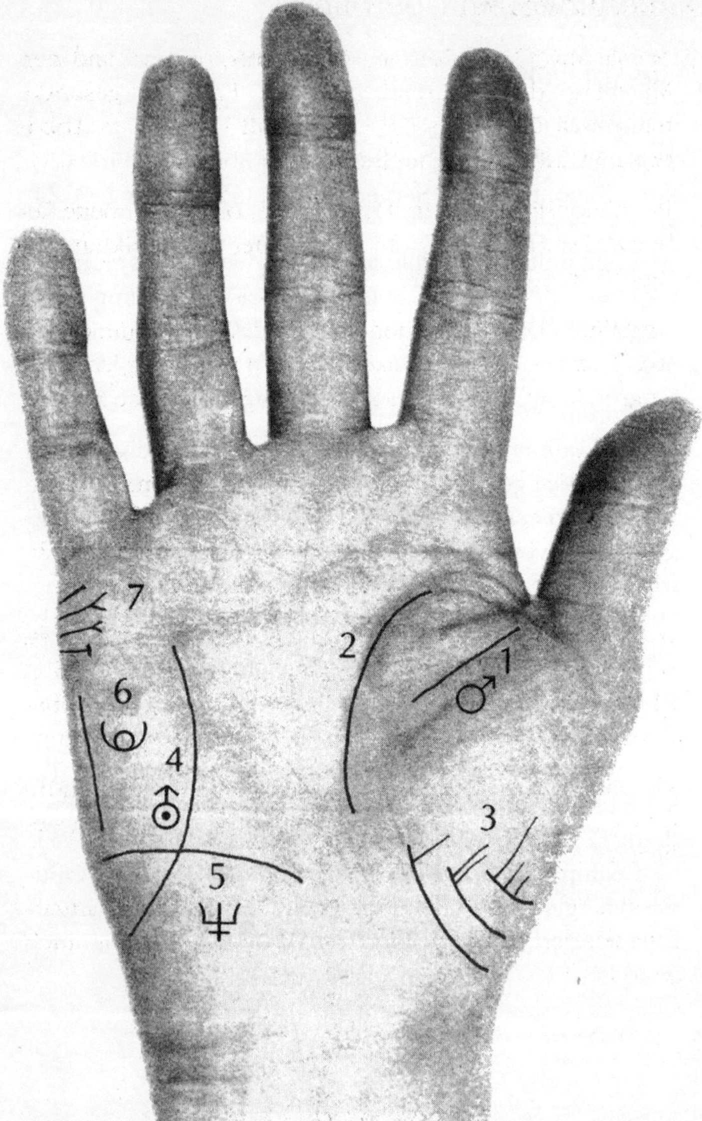

Abb. 54

Zweite Kategorie

- Marslinie (♂): im Daumenwinkel entspringend und den Marsberg durchquerend: geballte Energie, gesunde, manchmal überschüssige Lebenskraft (Ziffer 1 in Abbildung 54, Ziffer 6 in Abbildung 36).
- Protektionslinie: Die Protektionslinie, oft als doppelte Lebenslinie angesehen, gibt Schutz (Ziffer 2 in Abbildung 54, Ziffer 7 in Abbildung 36).
- Angstlinie: Die Angstlinien liegen isoliert im Daumenballen (Thenar). Sie veranschaulichen Triebstauung, dadurch Angstgefühle (Ziffer 3 in Abbildung 54; siehe auch Seite 109).
- Uranuslinie (♅): Die Uranuslinie, in der Regel mit der Merkurlinie verbunden, vermittelt Intuitionen, Intelligenz, Reformertum und höhere Erkenntnisfähigkeit (Ziffer 4 in Abbildung 54, Ziffer 1 in Abbildung 85).
- Neptunlinie (♆): Die Neptunlinie verleiht Inspiration, schöpferische Phantasie und Übersinnlichkeit (Ziffer 5 in Abbildung 54, Ziffer 1 in Abbildung 88, Ziffer 3 in Abbildung 90).
- Plutolinie (♇): Die Plutolinie führt zur universellen Schöpfungskraft, zum Irrationalen (Ziffer 6 in Abbildung 54; siehe auch Seite 181ff.).
- Ehelinien: Die Ehelinien stellen Bindungen im Partnerschaftsbereich dar (Ziffer 7 in Abbildung 54; siehe auch Seite 171ff.).

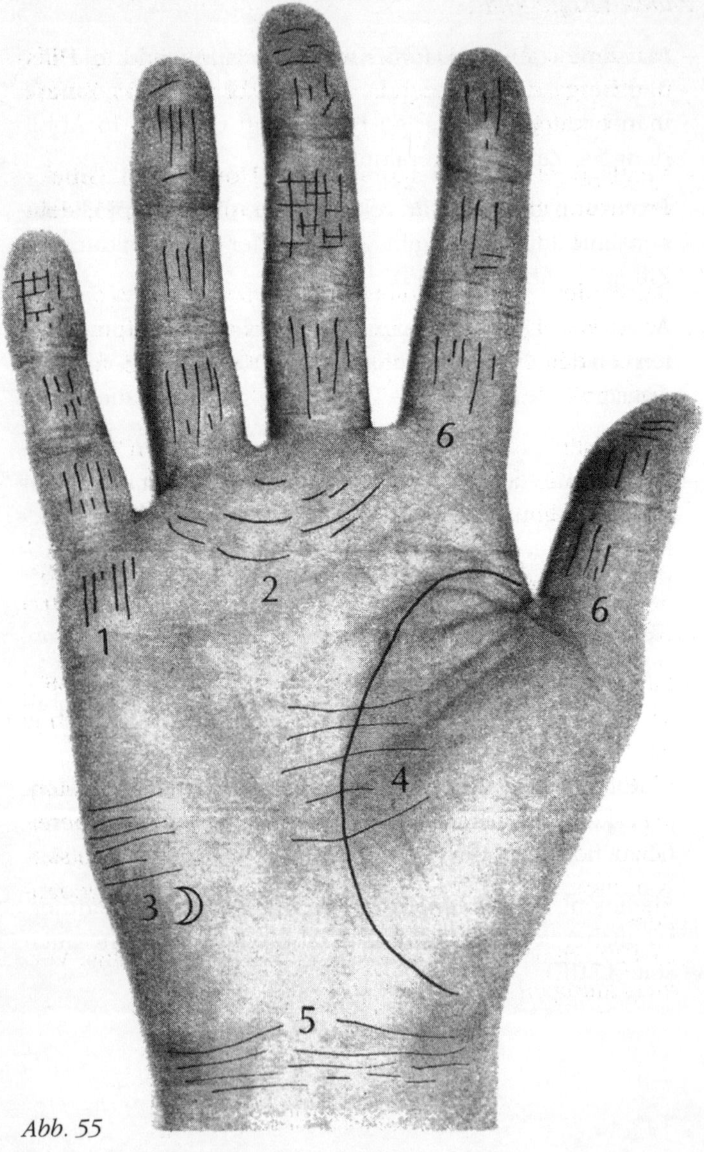

Abb. 55

Dritte Kategorie

- Samariterlinien: wenn vorhanden: Herzensbildung, Hilfs- und Hingabebereitschaft (Ziffer 1 in Abbildung 55, Ziffer 6 in Abbildung 65).
- Venusgürtel: Im Venusgürtel liegen Hoffnungen, Glückserwartung und Sehnsucht (Ziffer 2 in Abbildung 55; siehe auch Abbildung 72).
- Reiselinien (☽): Reiselinien geben Sehnsucht nach der Ferne, Reiselust, Bewußtseinserweiterung und Aufgeschlossenheit dem Neuen, Fremden gegenüber (Ziffer 3 in Abbildung 55).
- Ereignislinien (Liebeslinien): Ereignislinien lösen Schicksal in den Beziehungen zum Du und in der Umwelt aus (Ziffer 4 in Abbildung 55, Ziffern 1 bis 4 in Abbildung 36).
- Raszetten (Armbänder): Raszetten sind Lebenserwartungslinien: Eine Linie entspricht etwa 25 bis 30 Lebensjahren (Ziffer 5 in Abbildung 55).
- Fingerlinien (Ziffer 6 in Abbildung 55; siehe auch Seite 55ff.):
  a) Fingerlinien vertikal: Begabungen, Talente, die sich je nach Fingerentsprechung ausleben können, Erfolge.
  b) Fingerlinien horizontal: Hemmungen, Schwierigkeiten; je nach Fingerentsprechung, zum Beispiel auf dem oberen Glied des Saturnfingers sowie Daumen, Schwermutsanwandlungen, Depressionen, Lebensverneinungsgedanken.
  c) Fingerlinien, Gitterbildung: unheilvoll, zeitweilige Vereinsamung und Abgeschlossenheit.

Die Saturn- oder Schicksalslinie

Die Saturnlinie durchläuft die Hand in vertikaler Richtung. Der Beginn liegt im Bereich der Handwurzel, das Ende im Raum der oberen Handberge. Im Mittelteil durchläuft sie die Ebene der Erde. In ihrer Verlaufsrichtung verbindet sie den unbewußten Elementarbereich mit dem geistig-seelischen, emotionalen Bereich. Sie führt die unterbewußten, noch ungeordneten Kräfte in die Sphäre der bewußten geistigen Gestaltung.

Auf ihrem Weg erfüllt sie eine zweifache Funktion. Einmal hat sie die Aufgabe, sich im Bereich der Ebene der Erde, dem Kampffeld, den Forderungen des Lebens zu stellen. Durch diese Auseinandersetzung soll sie den Menschen im verantwortungsvollen Reifeprozeß für die Daseinsbewältigung formen. Zum anderen hilft sie, im Trennenden der Du- und Ichbezogenheit das Verbindende und Persönliche zu erkennen und diese Erkenntnis angemessen und sinnvoll im täglichen Leben umzusetzen.

Die Schicksalslinie symbolisiert den Lebensweg des Handeigners, das Verhältnis zur Umwelt, die Zielstrebigkeit, den Leistungswillen, sie gibt Auskünfte über Erfolge oder Hindernisse, Einschränkungen, bestimmt die schicksalhaften Wechselfälle des Lebens, führt zu Konzentration, Ausdauer, Zähigkeit, Geduld, Pflichtbewußtsein, Durchsetzungswillen und bestimmt die soziale Eingebundenheit des Handeigners im realen Wirkungsbereich.

Bei der Beurteilung der Saturnlinie sind die Form der Hand sowie die Ausprägung des dazugehörenden Berges von ausschlaggebender Wichtigkeit (siehe die Bedeutungen in den entsprechenden Kapiteln dieses Buches).

Beginn und Ende

Die Schicksalslinie kann sowohl verschiedene Ausgangspunkte wie auch unterschiedliche Endungen aufweisen. Der

Abb. 56

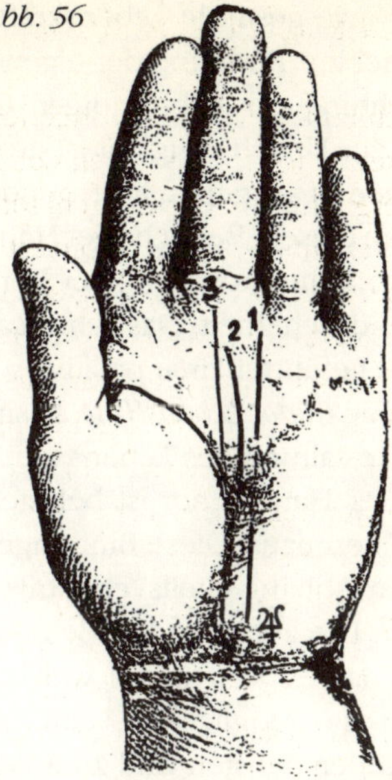

Beginn der Linie kann in allen drei Bereichen der Handfläche liegen: im vitalen Körperbereich, in der Realitätsebene, im geistig-seelischen, emotionalen Bezugsbereich und letztlich auch im Feld der spirituellen, intuitiven Urkräfte. Die Linie kann sowohl auf der passiven Du-Seite wie auch im aktiven Ichbereich der Hand entspringen. Die *Endung* der Linie kann ebenfalls in den drei Ebenen auslaufen oder fortgeführt werden zu den Fingerbergen; sie kann sowohl auf der passiven wie auch auf der aktiven Seite der Hand zum Ergebnis führen.

Wenn vorhanden, ist die Zeichnung der Linie idealerweise von geradem Verlauf, klar und ohne Unterbrechungen, Windungen usw.

Der Beginn *in der Handwurzel* (Neptunberg) hat Bezug zur ererbten Vitalität (Ziffer 1 in Abbildung 56). Hier ist eine star-

ke Verwurzelung sowie gesunde Lebenskraft gegeben. Sie führt den Handeigner zur Formung der eigenen Persönlichkeit mit der Zielrichtung zur selbständigen Gestaltung des Lebens. Der Drang zur Unabhängigkeit ist groß. Das soziale Einfühlungsvermögen ist ausgeprägt, verbunden mit der Absicherungstendenz in diesem Bereich. Der Handeigner ist traditionsgebunden, von eher konservativer Veranlagung und wünscht Stabilität und Sicherheit. Das Schicksal gestaltet sich bei gerader und klar geführter Linie positiv.
Beginnt die Saturnlinie *in der Lebenslinie*, so sind hinsichtlich der selbständigen Gestaltung des Lebens zunächst Grenzen gesetzt (Ziffer 2). Der Handeigner ist belastet durch starke Bindungen an das Elternhaus. Diese Bindungen können ihre Ursachen aus einem Abhängigkeitsverhältnis oder aus Sorgenpflichten haben. Die auftretenden Behinderungen können nur nach und nach überwunden werden. Dann allerdings eröffnet sich die Möglichkeit, daß der Native aus eigener Kraft sein Leben meistert und zum verspäteten Aufstieg gelangt. Eine zeitweilige Verbindung der Saturnlinie mit der Lebenslinie, im Beginn von dieser getrennt, unterstreicht die zuvor gemachten Aussagen (Ziffer 3). Im Schicksalhaften besteht die Gefahr einer zeitweiligen Verschlossenheit bzw. bewußter, gewollter Zurückgezogenheit. Eine Verbindungslinie zwischen Saturn- und Lebenslinie gibt Protektion und Schutz.
Beim Beginn *im Thenar* ist eine Einflußnahme im Schicksal durch die Vitalkräfte sowie Triebimpulse des Thenars angezeigt (Ziffer 4). Die Auswirkung kann zum Teil durch das andere Geschlecht beeinflußt sein. Das Ergebnis kann sich sowohl im Positiven wie auch im Negativen niederschlagen. Entscheidend ist hier die Zeichnung der Linie sowie der Bereich der Linienendung.
Beim Ursprung im *Mondberg* ist eine Einflußnahme durch das Elternhaus nicht gegeben (Ziffer 5). Der Handeigner

Abb. 57

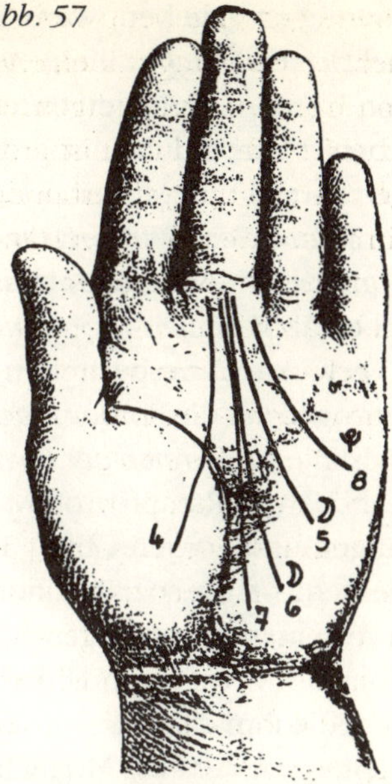

schöpft aus dem eigenbezogenen seelischen, intuitiven, ja inspirativen Bereich, frei von Gebundenheit an Tradition, Überlieferungen und vorgefaßten Meinungen. Es besteht eine Tendenz zur Ungebundenheit. Die Zufälligkeiten, unvorhergesehene Ereignisse, Wechselfälle des Lebens beeinflussen den Weg des Nativen. Durch die Anpassungsfähigkeit, Vielseitigkeit und die Einstellungsbereitschaft auf die Umweltbedingungen sind Erfolge auch mit Hilfe anderer Menschen, insbesondere des anderen Geschlechts, sehr wahrscheinlich. Handeigner mit diesem Ursprung der Schicksalslinie haben oft Beziehungen zum Ausland oder finden dort ihre Aufgabenstellung.

Ist der Ursprungsort *sehr tief im Mondberg* verlagert, wird das Leben von Unruheherden, unklaren Stimmungen und allzu großen Wechselfällen beeinflußt (Ziffer 6).

Eine ähnliche Bedeutung ist gegeben, wenn die Saturnlinie *unterhalb des Handwurzelbereiches* ihren Ausgang nimmt (Ziffer 7). Neben den Unruhemomenten treten Gestaltlosigkeit im gesamten Leben in Verbindung mit verwirrenden Problemen. Dies führt zu Sorgen und Mühen.
Der Ursprung der Linie *aus dem Wirkungsbereich des Pluto* ist gespeist mit energiegeladener Durchsetzungskraft (Ziffer 8). Der Handeigner bewältigt seinen Lebensweg aus eigener Kraft und mutigem Verwirklichungsbestreben in der Auseinandersetzung und bezogen auf die Forderungen der Umwelt.
Beginnt die Schicksalslinie *im Bereich der Ebene der Erde*, so gestaltet sich der Lebensweg kampfbetont, verbunden mit Mühen, Enttäuschungen und Sorgen (Ziffer 1 in Abbildung 58). Dem Handeigner fehlt oft die soziale Einordnungsbereitschaft, die dann zu Auseinandersetzungen führt. Gelingt es dem Nativen durch Bewußtwerdung und Erkenntnisfähigkeit und durch die Lehren, die ihm das Leben erteilt, sich auf die Realitäten einzustellen, so besteht die Möglichkeit einer verspäteten Bewältigung und positiven Gestaltung der Lebensaufgaben.
Beginnt die Saturnlinie *auf der Kopf- oder der Herzlinie*, so werden Kräfte aufgenommen, die im Aussagebereich der jeweiligen Linien liegen. Umgekehrt werden Kräfte aufgehoben, an ihrer Durchsetzung, ihrer positiven Entsprechung gehindert bzw. vernichtet, wenn die Saturnlinie an der Kopf- oder Herzlinie angehalten wird.
Der *Beginn* der Schicksalslinie *auf der Kopflinie* baut auf Erkenntnisfähigkeit auf (Ziffer 2). Die Verstandeskräfte und die willentlich gesteuerten Impulse erlangen aus arbeitsintensiver Durchsetzungskraft Lebenserfolge, die sich durch den – auf den Handbereich bezogenen – späten Beginn der Linie meist im fortgeschrittenen Leben realisieren. Der *Ursprung* der Saturnlinie *auf der Herzlinie* bedeutet Durchsetzung der Lebenserwartungen mit gemüthaften, emotionalen Gefühls-

Abb. 58

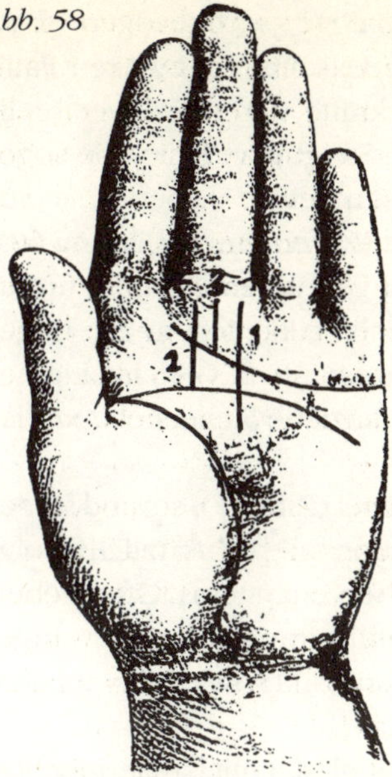

Abb. 59

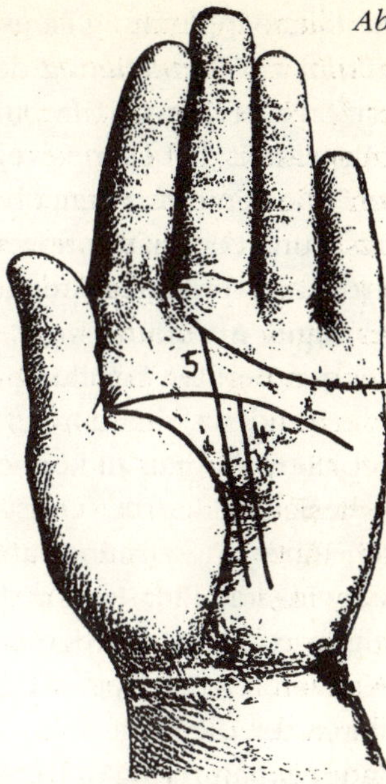

impulsen, daher Förderung und Aufstieg durch das andere Geschlecht (Ziffer 3).

Das *Ende* der Saturnlinie *an der Kopflinie* symbolisiert, daß der Lebenserfolg in Frage gestellt wird durch Unklugheit, falsche Einschätzung der realen Möglichkeiten, durch Fehlurteile, Irrtum und belastende Denkprozesse (Ziffer 4 in Abbildung 59).

Das *Anhalten* der Schicksalslinie *an der Herzlinie* signalisiert ein Verscherzen von günstigen Lebenserwartungen durch unbedachte Herzensaffären, leichtsinnige Handlungsweise und unkontrollierte leidenschaftliche Auslebung aller Triebe (Ziffer 5).

Sofern die Kopf- bzw. Herzlinie die Saturnlinie aufnehmen und in ihrer Linienführung weiterleiten, ergeben sich positive Auswirkungen. Im ersteren Falle führen Konzentrationsfähigkeit, gedankliche, willensmäßige, sachbezogene Entschlußkraft zur Bewältigung des Daseins. Im zweiten Falle bestimmen Gefühle und Impulskräfte von intensiver seelischer Erfülltheit den Lebensweg. Steigt eine Linie, die sogenannte Finanzlinie, aus dem oberen Teil der Lebenslinie empor zur Wurzel des Saturnfingers (Ziffer 6 in Abbildung 60), so werden verstärkte Anstrengungen unternommen, um in selbständiger Ausübung von nicht alltäglichen, oft ungewöhnlichen Berufen Erfüllung zu erlangen. Gleichzeitig besteht die Tendenz, sich durch finanzielle Sicherstellung diesen Gebieten widmen zu können.

Endet die Saturnlinie im Venusgürtel (Ziffer 7), so sind starke seelische Erregungszustände anzunehmen. Zusätzlich erfolgt eine verwirrende Belastung des Nervensystems. Oft ergeben sich eigenartige bis abartige Gefühlsimpulse und Zwänge, den Sexualbereich betreffend. Neurosen sowie Nervenirritationen können die Folge sein.

Das Ende am Saturnring (Ziffer 8) belastet mit Niedergeschlagenheit, Pessimismus und löst Depressionen aus.

Die »normale« Endung der Schicksalslinie verläuft im Saturnberg. Bei dieser Endung zeichnen sich Erfolge, die mit der Materie in Verbindung stehen, ab. Die Kräfte sind sachbezogen, praxisnah und streben zur finanziellen Unabhängigkeit. Schneidet bei dieser Konstellation die Linie das Wurzelglied des Saturnfingers (Ziffer 9), so können die Aussagen verhängnisvoll werden. Durch Übersteigerung der Kräfte fehlt es an der notwendigen Konzentration. Die Folge sind Fehlentscheidungen und Rückschläge.

Neben dieser Endung kann die Schicksalslinie auch im Jupiterberg auslaufen (Ziffer 1 in Abbildung 62). Das symbolisiert starken Ehrgeiz, verbunden mit Geltungsstreben. Es werden repräsentative Stellungen angestrebt. Oft werden Staatsstellungen durch Protektion erlangt. Wohlstand ist angezeigt.

Abb. 60

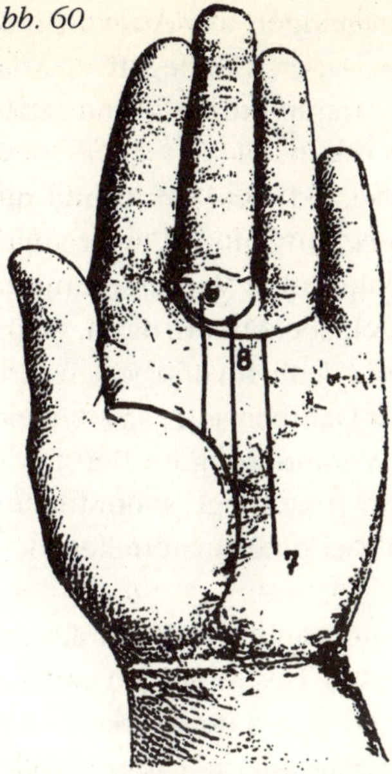

Abb. 61

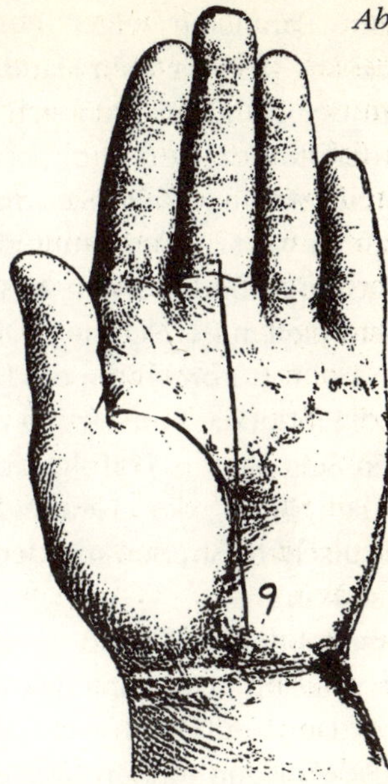

Eine Endung der Saturnlinie im Bereich der Ebene der Erde gibt schicksalhafte, von Konflikten behaftete Lebensaussagen (Ziffer 2). Sorgen, Kämpfe, oft unglückliche Ereignisse sowie körperliche und seelische Störungen belasten das Leben.

Weitere Entsprechungen

- Doppelt gezeichnete Saturnalis bedeutet oft eine zweifache Karriere. Ist die Linie dabei gewunden und dünn, ergeben sich Zwiespältigkeiten im Charakter.
- Mehrere Linien oder Parallelen deuten mehrere Berufsmöglichkeiten an, ebenfalls die Realisation hierzu. Der Handeigner kann sich übergangslos auf neue Verhältnisse einstellen und wird infolge seiner Vielseitigkeit und Flexibilität nicht bei einem Beruf bleiben.

- Kleine Parallelen zeigen Bestrebungen zur Aufwärtsentwicklung bei positiven Handaussagen. Bei negativer Aussage der Hand machen sich »Zersplitterungs«-Tendenzen bemerkbar, die den Erfolg behindern.
- Unterbrechungen der Saturnalis sind nicht unbedingt negativ zu werten. Berufsunterbrechungen sind zwar angezeigt, doch findet oft im Anschluß eine Verbesserung im existentiellen Bereich statt. Dies insbesondere dann, wenn sich bei Unterbrechung die Linie seitlich verschoben fortsetzt. Findet die Fortsetzung zur Daumenseite, also zur aktiven Seite statt, so erfolgt die Veränderung im Beruf willentlich, und der Neubeginn unterliegt tatkräftigem, energischem Streben mit dem Ziel einer materiellen Besserstellung.
- Verschoben zur Kleinfingerseite, hängt die Veränderung mit ideellen sowie intellektuellen Bestrebungen zusammen. Der Neubeginn wird oft aufgrund einer erkenntnismäßigen Neuorientierung, bezogen auf die Umweltforderungen und Verhältnisse, vorgenommen.
- Brüche und Unterbrechungen können, bei sonst negativer Handaussage, naturgemäß jedoch auch unglückliche Ereignisse, Störungen und Enttäuschungen bedeuten.
- Eine Schicksalslinie, die aus vielen kleinen Strichen zusammengesetzt ist, besagt Unstetigkeit, Ermüdung, Entschlußlosigkeit, verpaßte Gelegenheiten sowie Existenzsorgen und Nöte.
- Ist die Saturnlinie gewunden, so vermag der Handeigner keinen zielstrebigen Weg einzuschlagen. Die Lebensbahn ist mit Unannehmlichkeiten und Behinderungen belastet.
- Inseln in der Schicksalslinie bedeuten zu dem Zeitpunkt ausweglose Situationen. Diese können sich im beruflichen wie auch im seelischen Bereich auswirken.
- Äste, die aus der Saturnlinie aufsteigen, symbolisieren Ta-

Abb. 62

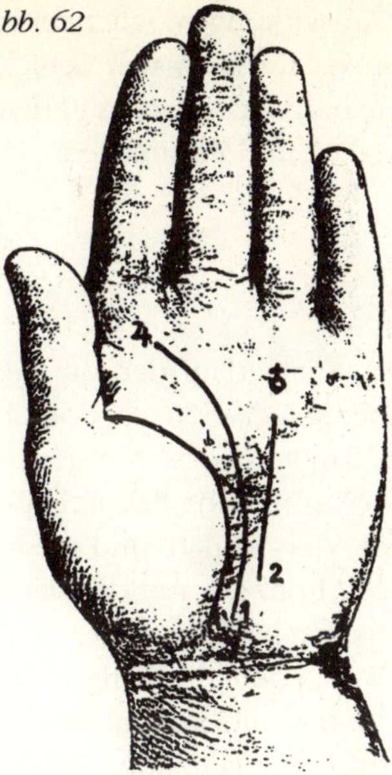

Abb. 63

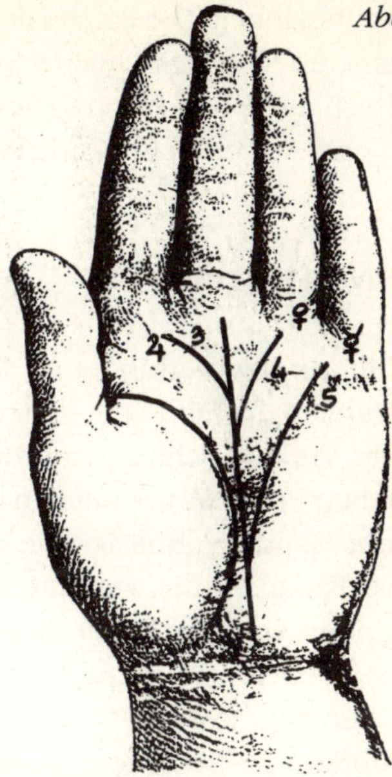

lente, die realisierbar sind, je nach der Verlaufsrichtung und der auf der Linie meßbaren Zeitentsprechungen.

- Zum Jupiter gewendet, besteht in dieser Lebensphase die Möglichkeit, erfolgreiche Unternehmungen zu beginnen (Ziffer 3 in Abbildung 63).
- Zum Ringfinger verlaufend, können zu diesem Zeitpunkt künstlerische ideelle Bestrebungen in die Tat umgesetzt werden und Glück, Zufriedenheit, verbunden mit Gewinn, auslösen (Ziffer 4).
- Zum Merkur gerichtet, kann eine Lebensspanne angezeigt sein, in der erfolgreiche geschäftliche Tätigkeiten und wissenschaftliche sowie schriftstellerische Ambitionen ausgelebt werden können (Ziffer 5).
- Ist eine Schicksalslinie auch nicht nur teilweise in der Hand, so ist für die Aussage der gesamte Handkomplex

einzubeziehen. Die Palette der Auswirkungsmöglichkeiten reicht über ein glückliches, unbeschwertes, von Schicksalsschlägen verschontes Dasein bis zum asozialen Verhalten und Ausleben in Gesetzlosigkeit und Verbrechen.

Die Merkurlinie

Die Merkurlinie verbindet im Diagonalverlauf den unteren Vitalbereich der Hand mit dem oberen Geistbereich. Sowohl in ihrer Verlaufsrichtung und der damit angezeigten gegensätzlichen Polarität wie auch in der Verbindung der drei Ebenen der Hand symbolisiert sie ihre Vielseitigkeit und die ihr eigene Fähigkeit des vermittelnden Prinzips und der damit verbundenen weitgefaßten Aussageentsprechungen.
Anders als die Saturnlinie, die zwar ebenfalls Verbindung zwischen Urgrund und Geistsphäre herstellt, kommt ihr eine auf Merkur ausgerichtete weiterführende Funktion zu, im Sinne einer Hinführung zum zwar geistigen, gleichzeitig aber empfangenden und gebenden, erweiterten Du-Bezug.
Gemäß dem merkurischen Prinzip der Angleichung, Anpassung, der vielseitigen Aufnahme- und Umsetzungsfähigkeit dürfte die Frage, ob die Linie von unten nach oben oder umgekehrt verläuft, von untergeordneter Bedeutung sein.
Die Merkurlinie ist stark rückbezüglich. Sie empfängt aus allen Bereichen, die sie berührt, Impulse, um gleichzeitig in den gleichen Bereichen diese Kräfte wieder hingebend zur Aussage zu führen.
Umgekehrt ist sie genauso in der Lage, das Empfangene in anderen Bereichen auszuleben bzw. einem Ergebnis zuzuführen: Hat sie eine Verbindung mit der Lebenslinie und erstreckt sich ihr Verlauf klar gezeichnet hin zum Merkurberg (Ziffer 1 in Abbildung 64), so symbolisiert diese Lage und Verlaufsrichtung günstige Daseinsentsprechungen. Aus dem

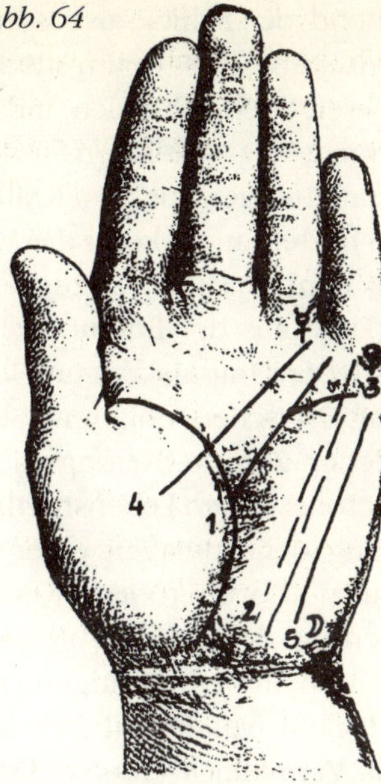

Abb. 64

vitalen Grund im Bereich der Lebenslinie empfängt die Merkurlinie als Gesundheits-, Magen- bzw. Leberlinie die gesundheitliche Basis und Kraft, um durch den mittleren Handbereich der Auseinandersetzungen, der Krankheiten, der Lebensmühen emporzusteigen in den geistigen, kommunikativen Bereich höchster Erkenntnisfähigkeit und harmonisierender Gleichgestimmtheit in der Sinnerfüllung des Lebens.

In dieser Linienführung sind Leib, Seele, Geist eingebunden in organischer Kraft (Leib – Sonne), daraus resultierender Gesundheit (Seele – Venus) und göttlicher Sinnerfüllung (Geist – Merkur, dritte Hausentsprechung).

Der vitale Kraftimpuls vermittelt Lebensfreude, Lebensbejahung und führt über gesunde Organe wie Magen, Leber und Darm zur Bewältigung und Meisterung der täglichen Lebens-

aufgaben, entsprechend der Schicksalsaussagen der Realitäts- und Bewußtseinsebene, zum optimistischen, freudigen Geöffnetsein im höheren Erlebnisbereich und damit zur Realisation einer positiven geistig-weltlichen Sinngebung.
Führen hier die Entsprechungen aus dem Kräftereservoir des vitalen Bereiches, so besteht umgekehrt die Möglichkeit der Gestaltungskraft aus dem geistigen Bezugsfeld. In diesem Falle empfängt die Linie aus der Erkenntnisfähigkeit eines höheren, geistigen Erlebens Impulskraft und legt in ihrer diagonalen Aussagekraft zwischen höherem Seinsempfinden und irdisch-gebundener Zweckerfüllung die Wurzel zum Ausleben im organisch-gesunden Lebensrhythmus.
Die Zusammenfassung der Aussagen einer »gut« gezeichneten Merkurlinie führt also über vitale Kraft, Gesundheit, optimistische Meisterung der Lebensaufgaben, Zähigkeit, Gedächtniskraft, rechtschaffene Bewältigung der täglich existentiellen und arbeitsintensiven Aufgabenstellungen zur geistigen Beweglichkeit. Vermittelt werden ein starkes Nervenkorsett und die intuitive Erfassung von Umwelteinflüssen positiver Art. Ziele werden erreicht, sei es nun geschäftlicher oder beruflicher Erfolg, im wissenschaftlichen Forschen oder intellektueller Ausrichtung in Rede, Schrift und Darstellung.
Umgekehrt gibt eine »schlecht« gezeichnete Merkurlinie (Ziffer 2 in Abbildung 64), besonders wenn sie zerrissen, aus vielen Einzelteilen zusammengesetzt ist, ein angeschlagenes Nervenkorsett zu erkennen.
Selbst wenn die Lebenslinie gesunde Vitalkraft vermittelt, bleibt eine innere unerklärliche Unruhe, ein ängstliches geistig-seelisches Unerfülltsein und ein daraus resultierendes, verzagtes Angehen der Lebensaufgaben. Nervenbedingt treten Organstörungen im Magen-, Leber-, Nieren- und Darmbereich auf und führen zu »schlechter Stimmung«, Mißmut, Negation, Streit und damit zu unerfülltem Ausleben der realisierbaren Lebens- und Erfolgsentsprechungen.

Die fehlende Merkurlinie kann im Gegensatz zur »schlecht« gezeichneten Linie nicht nervenbedingt auf den Magen oder die Nieren »schlagen«. Sie vermittelt vielmehr eine robuste Gesundheit. Dafür gehen dem Handeigner in diesem Falle das feine Gespür sowie die feinnervige Impulskraft im Erfühlen, Gestalten und Ausleben höherer geistiger Werte verloren.

Je nach Aussagekraft des Merkurberges und des Fingers können bei fehlender Linie trotzdem die im Berg und dem Finger symbolisierten Entsprechungen Aussagekraft erlangen.

Ist die Linie doppelt oder mehrfach geführt, so ergeben sich neben vielfältigen Begabungen und Talenten fast immer Tendenzen, in mehreren Berufen, manchmal gleichzeitig, ein Betätigungsfeld zu finden und erfolgreich zu gestalten. Bei unklarer Linienführung besteht die Gefahr einer Verzettelung, die eine Zielrichtung und Erfüllung im positiven Sinne unterläuft.

Bei einer gewundenen Merkurlinie ist die Aufgabenstellung, die die Linie vermittelt, oft unklar. Insbesondere die geschäftlichen Verbindungen und Betätigungen können in unlauteren, zweifelhaften Manipulationen einmünden, dies um so mehr bei einem stark ausgebildeten Merkurberg.

Die gekettelte Merkurlinie belastet das Denken und das Gedächtnis. Die Denkvorgänge sind unstet, verworren und können Täuschungen unterliegen. Die Gedächtniskraft unterliegt Schwankungen.

Eine Insel in der Linie kann paranormale Anlagen, eine Krankheitsdisposition oder ungünstige Charakteranlagen, den Merkuraussagen entsprechend, anzeigen.

Berührt die Linie die Handaußenkante im Bereich des Plutoberges oder führt ein Zweig in diese Richtung (Ziffer 3 in Abbildung 64), so verbinden sich mit den Merkurentsprechungen Impulse Plutos. Die Aussage ist Energie im Durchsetzen, Widerstandskraft, Geschicklichkeit, Wendigkeit, in-

tuitives Erfassen und Einflußnehmen auf die Umwelt und das In-Dienst-Stellen der beeinflußten Umwelt.
Bei ungünstiger Linienzeichnung besteht die Gefahr einer unruhigen, erotisch gefühlsbelastenden Phantasie.
Liegt ein Teil der Merkurlinie im Thenar (Ziffer 4), so treten zu den empfangenden und gebenden Merkurentsprechungen aktive ichbezogene Akzente hinzu. Die Einstellung erfährt eine subjektive Note und wird durch körperliche und sinnliche Impulse getragen. Die Sinnlichkeit kann infolge einer bejahenden, optimistischen Grundhaltung starke erotische Reizbarkeit auslösen und zum Ausleben drängen.
Eine im Mondberg liegende, den Merkurberg verbindende Linie symbolisiert verstärkte Gedächtniskraft, unmittelbares, von Intuition getragenes Denkvermögen und verbindet geistige Beweglichkeit mit einfühlender Phantasiekraft (Ziffer 5).
Die ungünstige Linienaussage schwächt die Entsprechungen ab und kann sie gegebenenfalls ins Negative umkehren: Die Gedächtniskraft ist herabgesetzt, das Denkvermögen und die geistige Beweglichkeit werden durch unklare und nebulöse Phantasiegebilde belastet.
Im Merkurberg gelegene, vertikal angeordnete Linien, die sogenannten Samariterlinien (Ziffer 6 in Abbildung 65), symbolisieren eine großzügige Herzensbildung. Sie vermitteln selbstlose Hilfs- sowie Hingabebereitschaft für andere. Je nach der übrigen Handaussage lassen vielseitige Interessen, verbunden mit der Einfühlungsbereitschaft in andere Schicksale, erwarten, daß diese Eigenschaften positiv auf den Handeigner zurückwirken.

Das Handtischviereck

Zusammen mit der Schicksalslinie bildet die Merkurlinie im Bereich des Handtisches, der durch Kopf- und Herzlinie begrenzt wird, das Handtischviereck (Ziffer 7 in Abbildung 65). Durch das Hinzutreten und die Begrenzung dieses Raumes durch

Abb. 65

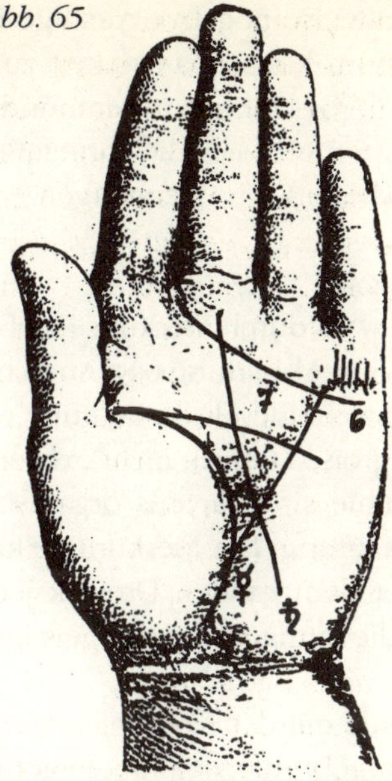

Merkur- und Saturnlinie kombinieren sich die Aussagen des Handtisches mit den Eigenschaften der begrenzenden Linien. Bei gut ausgebildetem Handtischraum, der Großzügigkeit, Großmut, seelische Aufgeschlossenheit, geistige Erkenntnisfähigkeit sowie gesunde Urteilskraft und Klugheit, also harmonisierendes Gleichgewicht zwischen Kopf und Herz symbolisiert, vereinen sich in der Verbindung des Raumes durch Saturn- und Merkurlinie verantwortungsvolles, logisches und sozial eingebundenes Pflichtbewußtsein (Saturn) sowie geistige Beweglichkeit, rationales Erfassen und gesundes geschäftsmäßiges Gespür (Merkur).
Umgekehrt muß bei enger Ausprägung des Handtisches, die Enge der Gefühlsempfindungen, Vorsicht, Sparsamkeit, Ängstlichkeit und vorgefaßte Meinungen ausdrückt, im Verschmelzen der Merkur- sowie Saturnentsprechungen eine

einschränkende, teilweise negative Aussage hinzutreten: In Verbindung mit Saturn kann Sparsamkeit zu Geiz werden, Enge der Gefühle in Gefühlsarmut einmünden. In Verbindung mit Merkur entwickeln sich die vorgefaßten Meinungen in stures Ausleben dieser Charakteranlagen.

Das große Dreieck

Das große Dreieck wird durch Merkur-, Kopf- und Lebenslinie gebildet (Ziffer 8 in Abbildung 66). Auch hier kommt der Merkurlinie eine entscheidende Bedeutung zu. Denn ohne Merkurlinie ist das große Dreieck nicht existent.

Lebens- und Kopflinie sind für das organische Leben von grundlegender Bedeutung. Die Merkurlinie kann fehlen. Ihr Vorhandensein gibt dem großen Dreieck jedoch Aussagekraft in bezug auf die Sinngebung des geistigen Lebens und des Seins.

Bildet die Merkurlinie mit der Kopflinie einen rechten Winkel, so findet ein Eingebundensein in die göttlichen, geisterfüllten Naturgesetze statt (Ziffer 9). Dies verheißt ein gutes Gedächtnis, gekoppelt mit einem umweltbezogenen Harmonieempfinden, geistige Klarheit, Beweglichkeit und das Angehen vielfältiger Interessengebiete und damit die Möglichkeit einer Realisation in der Bewältigung der Lebensaufgaben (Merkurlinie). Diese Eigenschaften verbinden sich mit energiegesteuerten Verstandeskräften, bewußter, intellektueller Ausrichtung, logischer Erfassung des Gegenständlichen sowie willensmäßiger Durchsetzung der Ideale (Kopflinie).

Besteht also zwischen Kopf- und Merkurlinie ein rechtwinkliges Verhältnis, so kann von einem »normalen« Linienverlauf von Kopf-, Merkur- und Lebenslinie ausgegangen werden. In diesem Falle würden die beiden übrigen Winkel einem Radius von 45 Grad entsprechen. Die beiden Winkel können aber auch unterschiedlich groß sein; dabei scheint es günstiger, wenn der untere Winkel zwischen Lebens- und Merkurlinie

Abb. 66

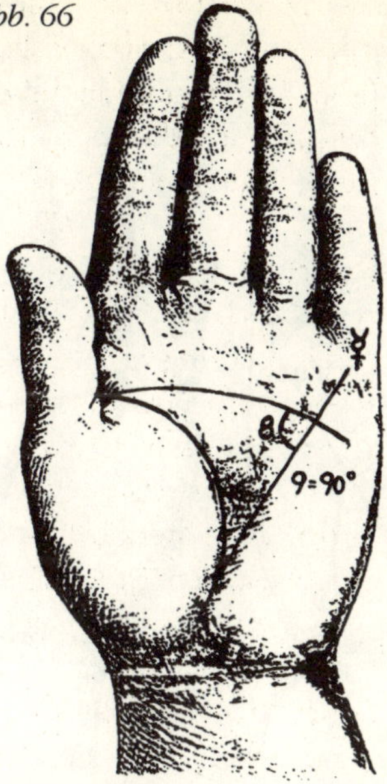

an Ausdehnung gewinnt: So gezeichnet, verbindet sich die vitale Lebenskraft der Lebenslinie mit der nervenstarken, geistigen Kraft der Merkurlinie und führt zu einem starken Charakter, frei von Anfälligkeiten in der Bewältigung des täglichen Lebenskampfes. Diese Bildung befähigt zu starkem naturverbundenem Denken und Handeln im körperlich gesunden Empfinden und Erleben.

In dieser Konstellation stellt der Winkel zwischen Kopf- und Lebenslinie eine harmonische Ergänzung in mäßiger Ausprägung der Winkelzeichnung dar: Die Harmonie führt zu einer glücklichen Veranlagung. Die Feinheit des Winkels, hier als Ausgleich zum dynamischen Kraftimpuls der Marsentsprechung, gibt einen feingeistigen, von edlen Motiven getragenen Lebensantrieb im klaren Erkennen einer erfolgversprechenden Aufwärtsentwicklung.

Abb. 67 *Abb. 68*

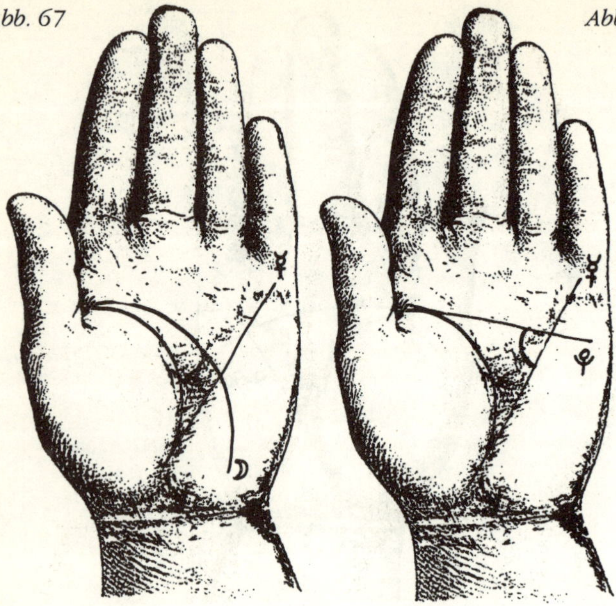

Ist der Winkel zwischen Kopf- und Merkurlinie zu stumpf gezeichnet (Abbildung 67), so kann fast immer davon ausgegangen werden, daß die Kopflinie in ihrem Verlauf herabgezogen wird in die Region des unteren Mondberges.
Verströmen der bewußten Gedankenkräfte und des realen Empfindungslebens in unbewußte Traumgebilde und lebensunwirkliche Triebempfindungen, verbunden mit melancholischen, ja depressiven Anwandlungen, führen durch die Verbindung mit der Merkurlinie zu einer geistigen Stagnation, schwerfälliger Erkenntnisfähigkeit, oft einhergehend mit schlechter Gedächtniskraft und dem Unvermögen einer realistischen Bewältigung der Lebensaufgaben.
Die spitze Winkelausführung zwischen Kopf- und Merkurlinie hat ihren Ursprung in einer Linienführung der Kopflinie, die linear gegen den Plutoberg verläuft (Abbildung 68).

Abb. 69

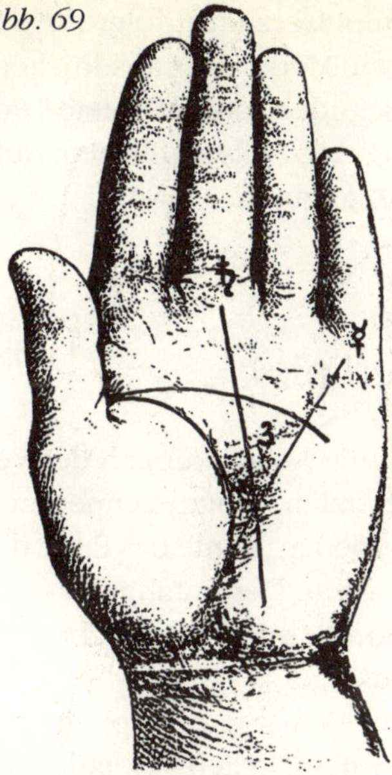

Abb. 70

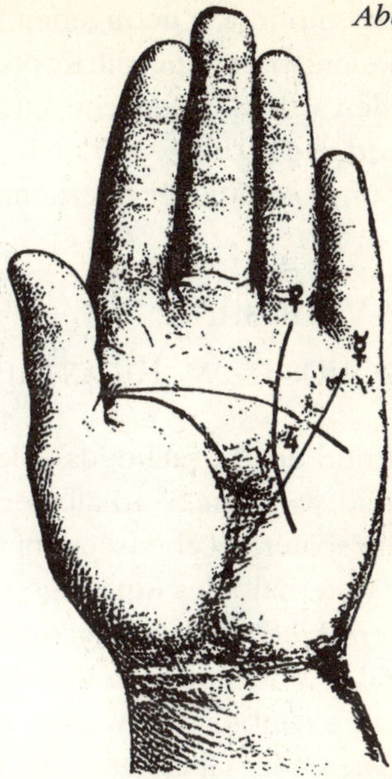

Das kleine Dreieck

Das kleine Dreieck wird gebildet durch Kopf-, Merkur- und Saturnlinie (Abbildung 69). Die in der Winkelbildung zwischen Kopf- und Merkurlinie symbolisierten Eigenschaften verbinden sich mit der Aussagekraft der saturninen Impulse. Dadurch treten folgende Eigenschaften hinzu: Zielstrebigkeit, Leistungswillen, Fleiß, Zähigkeit sowie Pflichtbewußtsein. Diese Eigenschaften befähigen den Nativen zu Studien und verhelfen ihm dazu, seine Talente in die Realität umzusetzen. Oft ist dies mit beruflicher Selbständigkeit verbunden.

Das hohe Dreieck

Das hohe Dreieck, auch Auge Gottes genannt, wird durch Kopf-, Merkur- und Ringfinger-(Venus-)Linie gebildet (Abbildung 70). Venus vermittelt hier die harmonisierenden, von

Glücksempfinden getragenen Impulse zum Erfolg. Zu der Winkelentsprechung, die Kopf- und Merkurlinie ausdrücken, gesellen sich künstlerische, ethisch-ideell ausgerichtete Tendenzen, die in der Verwirklichung zu gesellschaftlichem Aufstieg und öffentlicher Anerkennung führen.

Die Venuslinie (Apollo- bzw. Ringfingerlinie)

Aufgrund der Tatsache, daß sich die Auswirkungen der Venuslinie, wenn sie oberhalb der Herzlinie eingezeichnet sind, erst im späteren Lebensverlauf ausleben, dürfte das Ende der Linie unterhalb des Ringfingers liegen. Der Anfang der Linie hat verschiedene Ausgangspositionen, und diese ergeben die jeweilige Motivation der Linienaussage.
Die Linie symbolisiert, wenn auch nur mäßig ausgeprägt, harmonisierendes Gleichgewicht, erfülltes, heiteres Gemüt, ausgewogene Grundgestimmtheit im tiefen inneren Empfinden einer universellen Zufriedenheit. Optimismus und Glück führen bei klarer Zeichnung zum Erfolg, zu Ehren, Verdiensten, zum schicksalhaften Gunstbeweis im Erfülltsein, in der Erlangung innerer wie auch äußerer Werte. Das Vorhandensein der Linie gibt Talente im künstlerischen Empfinden, Gestalten, Darstellen und Verwirklichen der Anlagen. Die Venusentsprechungen idealisieren, kultivieren und vermitteln schöngeistige, von edlen Motiven getragene, du-bezogene Lebensinteressen. In diesem Sinne erlangt die Linie die ihr zugesprochenen Eigenschaften einer Protektionslinie. Die aus der Venuslinie entspringenden Impulse drängen zum Erfüllen, zum Ausleben und damit zur Selbstdarstellung.
Kann diesen Motivationen im Leben keine Realisation zuteil werden, entsteht aus überstarkem Wunsch und nicht durchsetzbarem Selbstdarstellungsbestreben die Auswegs-

situation, die im Ich nicht erfüllbaren Daseinsentsprechungen in ein Du zu projizieren.
Die venusischen Impulse zu Erfolg, Berühmtheit, Bekanntwerden in der Öffentlichkeit, künstlerischem Hervortreten führen im Ergebnis zu Ruhm und Ehren, zum Licht, also zu apollinischen Entsprechungen. Sie führen empor zum Olymp, zum Genialen. In dieser Zielentsprechung müssen sich die Impulse wieder im Bereich der Venusentsprechungen sammeln, im Bewußtsein der harmonischen, uneigennützigen und damit allverbundenen Erkenntnisfähigkeit der im Olymp versammelten Götter – der himmlischen Mächte.
Zu den artverwandten Entsprechungen des Venusischen und Apollinischen treten die Aussagen hinsichtlich des Venusgürtels, der Saturn- und Apollo- bzw. Venusberg umschließt, sowie des Apollo- bzw. Venusringes, der den Ringfingerberg einkreist, hinzu.

Der Beginn der Linie

Die Venus- oder Apollolinie endet, wie bereits angeführt, unterhalb des Ringfingers. Beginnen kann sie an mehreren Stellen. Geht sie von der Lebenslinie bzw. dem Thenar aus (Ziffer 1 in Abbildung 71), erfahren die angeführten Entsprechungen vitale Antriebskräfte, Dynamik, Erfolg. Die Umsetzung der angezeigten Talente und Begabungen erfolgt aus persönlichkeitsbezogener, erfolgreicher Kraftentfaltung. Die Linienführung gibt ein beschwingtes, optimistisches Wesen, verbunden mit natürlicher Herzenswärme. Sie vermittelt formerische Impulse, kreativen Schaffensdrang und bewirkt eine strahlend-sympathische Anziehungskraft.
Nimmt die Linie ihren Anfang im Mondberg (Ziffer 2), verbinden sich im Bild der Linienaussage phantasievolle innere Erlebnis- und Eindrucksfähigkeit, bildhaftes Denken, intuitives Erfühlen sowie romantisches Ausleben der gestalterischen gefühlsmäßigen Impulse. Im Ergebnis führt die Entsprechung

im universellen, ungebundenen Erleben zu der Realisation der Wunschvorstellungen. Beginnt die Linie tief im Mondberg, bedeutet dies, daß eine verschwenderisch intensive Gedankenwelt des »Nachtbewußtseins« nach Bewußtwerdung drängt. Andererseits können aber auch Projektionen in idealistische Wunschvorstellungen angezeigt sein. Gemäß der apollinischen Venusentsprechung, der glückhaften Hinführung zu lichtvollen Höhen, erfolgt – wenn dies durch die übrige Aussage der Hand angezeigt ist – im Reifeprozeß die Anrufung dieser höheren Prinzipien und führt dann zur schöpferischen Genialität.

Ähnliche Entsprechungen äußern sich im Beginn der Linie im Uranusberg (Ziffer 3). Ausgehend von der Tatsache, daß eine lange Linienführung eine Heraushebung im alltäglichen Leben, ein Hervortreten und damit Bekanntwerden darstellt, disponiert diese Linienentsprechung zur genialen Erkenntnisfähigkeit und Formung apollinischer Anlagen. Entsprechend der Uranusaussage ergeben sich geistige Willensimpulse zum reformerischen Auseinandersetzen, zu umwälzenden, künstlerischen Ausdrucksformen und fortschrittlicher revolutionärer Daseinsbewältigung. Im Bild der uranisch beeinflußten, apollinisch geprägten Linienentsprechung liegen Genialität und Wahnsinn eng beieinander.

Entspringt die Apollolinie nahe der Handwurzel im Bereich des Neptun (Ziffer 4), so ergeben sich starke künstlerische Anlagen, gepaart mit Inspiration und Idealen, die zur Vollendung, zu erfolgreicher Lebenserfüllung drängen. Diese Linienführung gibt starke Talente, die im Schöpferischen zur Realisation führen. Der Linieneigner schöpft aus ererbten Erfahrungen und Kraftimpulsen. Dieser »Nährboden« bildet die abgesicherte Grundlage, um im selbständigen Streben nach Erfolg diesen sowohl im Ideellen wie auch im Materiellen zu finden.

Der Beginn der Linie im Plutoberg symbolisiert eine Verbin-

Abb. 71

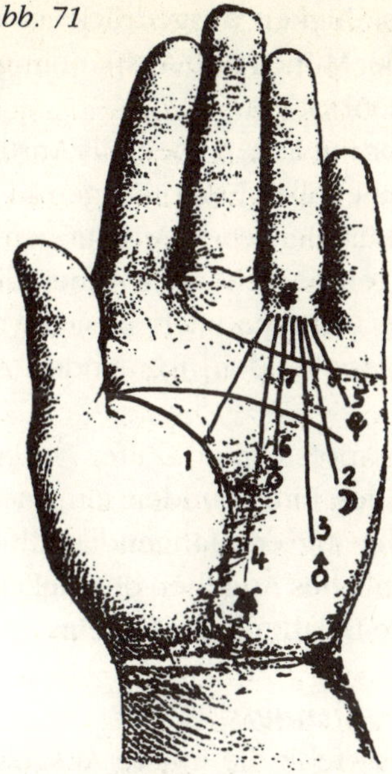

dung zwischen Impulsen der Venus und der Plutoentsprechung (Ziffer 5). Bei einer Verbindung von Venus und Pluto ergeben sich immer stark erotisch motivierte Empfindungen und zum Ausleben drängende emotionale Strebungen. Die unter oft fanatischem Eifer betriebene energiegeladene Daseinsbewältigung ist im Ursprung gesteuert durch diese Impulse. Aus diesen Kraftströmungen umgibt den Handeigner eine magische, das Du bezwingende und bezaubernde Strahlkraft von gleichzeitig starker Überzeugungsfähigkeit. Beginnt die Linie in der Ebene der Erde (Ziffer 6), erfahren die glückverheißenden, in innere Harmonie einmündenden Gefühlsimpulse, ausgedrückt im Apollinischen, widerspruchsvolle Entsprechungen. Es müssen kämpferische Auseinandersetzungen, hervorgerufen durch Mißgunst und Neid, durchgestanden werden. Im strebenden Bemühen und in der

inneren Erkenntnisfähigkeit, ausgedrückt im venushaften Erleben, stellt sich über Mühen und Anspannungen letztendlich Erfolg und Zufriedenheit ein.
Im saturninen Ursprung liegen ebenfalls Anstrengungen und konzentriertes, mühevolles Emporsteigen in der Gewißheit des Erfolges. Die künstlerischen Ambitionen sind mehr der Materie verhaftet, entbehren nicht einer fleißverhafteten, zweckgebundenen Note und leben sich vornehmlich im handwerklichen, gestaltenden, formenden Ausdrucksempfinden aus.
Aus der Herzlinie emporsteigend (Ziffer 7), liegt viel liebevolles, herzerfrischendes Eingebundensein im Du-Bezug, gebendes und gleichzeitig empfangendes Glücksempfinden, optimistisches, fröhliches Angehen der täglichen Lebensaufgaben und freudige Bejahung des Daseins.

Weitere Entsprechungen

- Fehlt die Linie, so fehlt die innere Ausgewogenheit. Das Harmonieempfinden leidet, und es stellt sich oft ein Unbefriedigtsein im innerseelischen Bereich ein.
- Dagegen ist auch bei nur kurzer Zeichnung der Linie, selbst bei manchmal »ungünstiger« Zeichnung, mit positiven Auswirkungsmöglichkeiten zu rechnen.
- Wird die Linie doppelt geführt, so sind verschiedene Talente angezeigt. Bei einer Verlagerung zur Kleinfingerseite hin tendieren die Erfolgsentsprechungen im merkurgefärbten Sinne einer finanziellen Ausnutzung. Die Verlagerung zu Saturn verspricht Erfolge durch eigene Bestrebungen, oft im wissenschaftlichen Bereich.
- Gleiche Entsprechungen ergeben sich bei der Verzweigung der Linie und Hinwendung zu einem der angeführten Berge.
- Mehrere feine Linien auf dem Apolloberg lassen subtile, vielfältige Begabungen erkennen. Die Realisation im er-

folgreichen Ausleben ist jedoch meist nicht gegeben. Künstlerisches Empfinden, Geschmack, Interesse an schöngeistigen Dingen und Veranlagung zum inneren Erfassen der Schönheiten des Lebens sind jedoch angezeigt.

- Die gewundene, wellenförmige Apollo- bzw. Venuslinie zeigt bei langer Linienführung ebenfalls Begabungen, die zum Erfolg führen können. Allerdings ergeben sich Schwankungen, zeitweilige Behinderungen, Unbeständigkeit in der Zielverfolgung sowie innere Unausgewogenheit.
- Gleiche Entsprechungen ergeben sich bei unregelmäßig gezeichneter Linie.
- Bei gekettelter Linie (Inseln) tritt zu den vorbezeichneten Entsprechungen noch ein zeitweiliges Um-sich-selbst-Kreisen hinzu, verbunden mit einem ausweglosen Verharren in belastenden Gefühlen. Die Folge sind Hemmungen beim Eintreten des Erfolgs.
- Querlinien, die Venuslinie schneidend, ergeben immer Hemmungen. Wie sich diese Hemmungen auswirken und in welcher Richtung die Hindernisse im Ursprung liegen, lassen die Bereiche, aus denen die Querlinien entspringen bzw. in denen sie enden, erkennen.

Der Venusgürtel

Der Venusgürtel umschließt im geistig-emotionalen Raum der Hand Saturn- und Venusberg (Apollo). Im »normalen« Verlauf liegt der Beginn zwischen Jupiter- und Saturnfinger und endet zwischen Ring- und Merkurfinger (Abbildung 72). Bei der Interpretation des Venusgürtels muß im Vergleich zu anderen Linien in erhöhtem Maße die Gesamtaussagekraft der Berge, Linien, Form und Konsistenz etc. der Hand Berücksichtigung finden.

Abb. 72

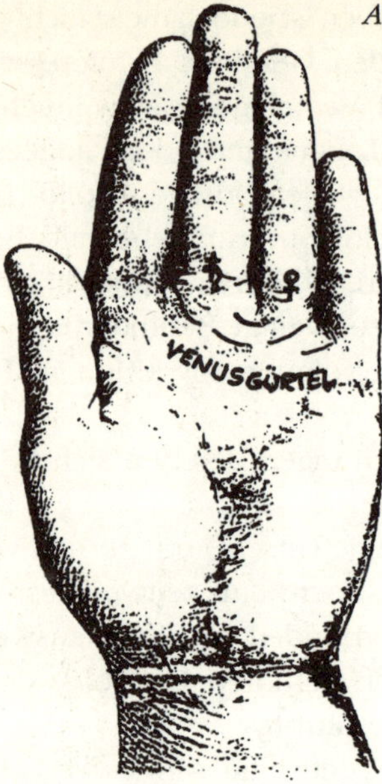

In seiner Eigenschaft als umschließendes, abschließendes Prinzip und in der Zusammenfassung der gegenpoligen Wirkungsentsprechungen von Saturn- und Venuseigenschaften kommt dem Gürtel im schicksalhaften Lebensablauf eine dominante Bedeutung zu. Im Bereich der durch den Gürtel zusammengehaltenen Kräfte manifestieren sich die Sehnsuchtsempfindungen, Hoffnungen, Glückserwartungen und hingebenden Formungen der Venus sowie die realen, irdischen, stoffgebundenen, nüchternen, in kalter Sachlichkeit bezogenen Wirkungsweisen Saturns.

Im undurchlässig geformten Gürtel werden die Entsprechungen gegeneinander in Bezug gesetzt (Ziffer 1 in Abbildung 73). Sie müssen sich durchdringen und erfahren so die vielfältigen Wandlungen von höchster, glückhafter Seelengestimmtheit und Sympathieeingebundenheit im krassen Ge-

Abb. 73

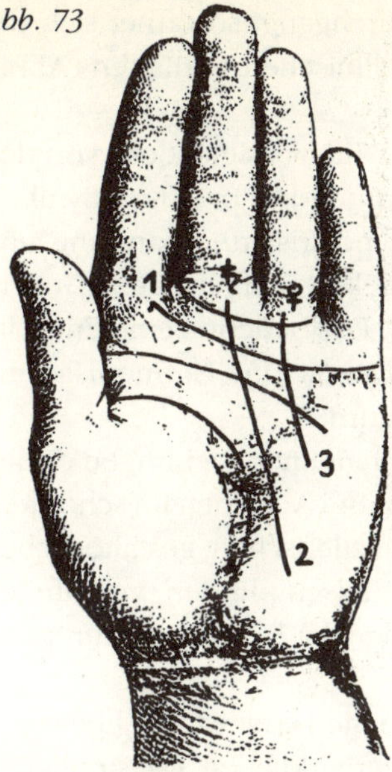

Abb. 74

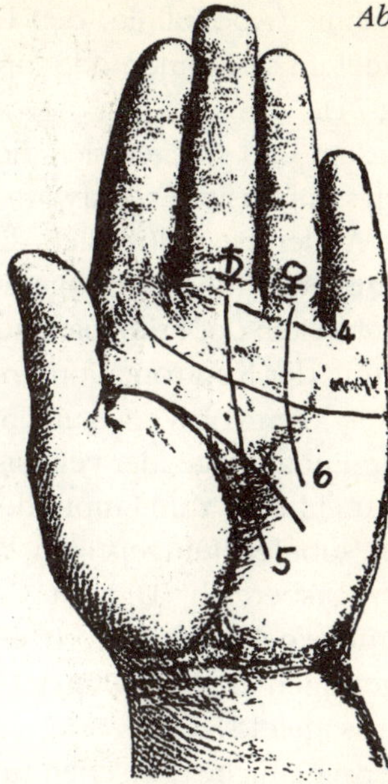

gensatz zur Harmonieunwilligkeit, kaltblütigen, egozentrischen Ichbezogenheit und berechnenden Gefühlsunempfindlichkeit. Höchstes Liebeserwarten und ahnendes Verlangen nach Gemeinschaftlichkeit führen im karmischen unerbittlichen Müssen zu tiefster Einsamkeit, Verlassenheit und unerfüllbarem Liebesverlangen. Die Folge können entsagende Resignation, Gemütsverhärtung und im Anormalen unkontrolliert ausbrechende, zeitweilig einsetzende gefühlsrohe »Besitzwut« im Du-Bezug sein.
Werden in diesem abriegelnden Verlauf des Venusgürtels Saturn- und Apollolinie im Venusgürtel aufgehalten oder gestaltet sich der Gürtel doppelt oder gar dreifach geführt, so verdüstern sich vorbezeichnete Aussagen und können in einem völlig fehlenden Moralbewußtsein gipfeln.
Öffnet sich der Venusgürtel und gestattet der Saturn- bzw. der

Venuslinie (Apollolinie) den Durchgang, so öffnet sich der Himmel im saturninen oder apollinischen Verhalten (Abbildung 74).

In diesem Bild spiegelt sich die Durchlässigkeit der von den Linien symbolisierten, aufwärtsführenden, positiven Symbolkraft. Andererseits löst sich die polarisierte Spannung und Zusammenballung der abgeriegelten, aufgestauten Gegensätzlichkeiten der Prinzipien auf. Das bedeutet eine Entpolarisierung der Konfrontation und somit eine Harmonisierung der Aussagen von Venus und Saturn.

In der »Endaussage« der venusischen Entsprechungen erfolgt der Durchbruch zum Empfinden und Ausleben im schöpferischen, subtilen, feingeistigen, künstlerischen, gestalterischen Ausdrucksbereich. Die im Gefühlsempfinden verhafteten Eindrücke gelangen im Freiwerden der Bindungen zur höheren geistigen Erlebnisfähigkeit.

Im Aussagefeld Saturns zeigt sich die Tendenz, hochgeistiges wissenschaftliches Forschen zu verwirklichen. Die sinnlichen Triebimpulse bewegen sich im »normalen« Bereich und werden mit Verantwortungsbewußtsein ausgelebt.

Schneidet der Venusgürtel die Finanzlinie (Ziffer 7 in Abbildung 75), so ist mit finanziellen Ausgaben zu rechnen, die oft bis zum Verschwenderischen gehen, um sich so im erotischen, sexuellen Bereich ausleben zu können.

Schneidet der Gürtel die Saturnlinie (Ziffer 8), so erfolgt eine belastende Pervertierung der saturninen Entsprechungen. Unruhige sexuelle Triebimpulse behindern die verantwortungsbewußte Zielstrebigkeit und führen zu Schwierigkeiten in Beruf und Karriere.

Wird die Apollo-(Venus-)Linie vom Venusgürtel geschnitten (Linie 9), realisieren sich die Impulse einer doppelten Venusentsprechung, hier im negativen Sinne: Die ausgewogene Grundgestimmtheit sowie harmonisierendes Gleichgewicht (Apollo) werden mit übersensiblen, jedoch stark erotischen

Abb. 75

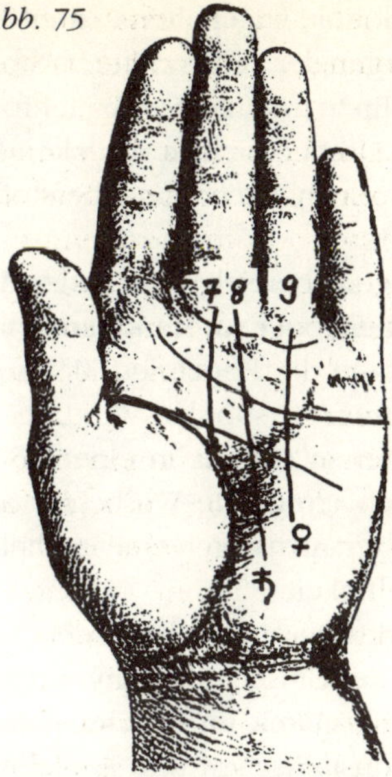

Abb. 76

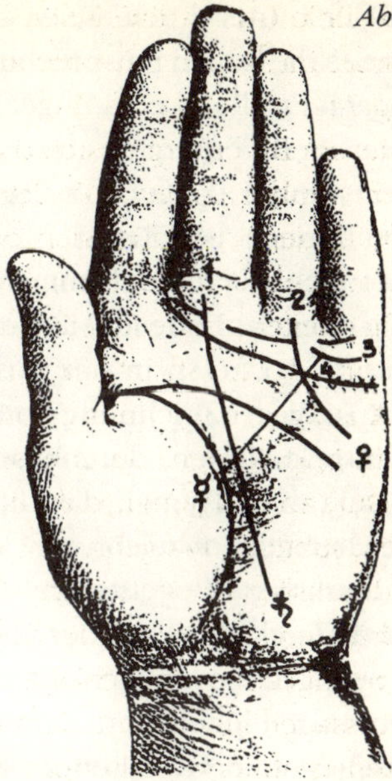

»Gefühlswallungen« konfrontiert. Die Folge führt zu leidenschaftlichem Ausleben der erotischen Triebe, zu unersättlichem Liebesverlangen, zum Streben nach Luxus und letztlich zur nervlichen Überreizung, zu hysterischen Anwandlungen und von Enttäuschungen heimgesuchten Exzessen.

Ein wesentlich anderes Bild ergibt sich, wenn der Venusgürtel durch die vorbezeichneten Linien angehalten wird. In diesem Falle setzen die Linien und deren Aussagekraft die Prioritäten: Wird der Venusgürtel durch die Saturnlinie angehalten (Ziffer 1 in Abbildung 76), so werden die im Gürtel symbolisierten Triebimpulse kontrolliert und einer verantwortungsvollen Prüfung unterzogen. Allerdings kann in diesem Bild eine zu starke »Realitätsbezogenheit« zuungunsten der erotischen Gefühlsmomente vorliegen, die (bei beispielsweise harter Hand) zur Triebhemmung führen kann.

Wird der Gürtel durch die Apollolinie angehalten (Ziffer 2), kommen die reinen Entsprechungen der Venuskräfte im Streben nach Erfüllung zum Zuge. Hinzu tritt in dieser Linienformation eine verfeinerte, im Erotischen sich ausdrückende Daseinsfreude, die auch von Sehnsucht nach dem »überstofflichen Bereich« geprägt ist.
Öffnet sich der Gürtel zum Merkurbereich oder liegt ein Zweig oder das Ende im Merkurberg oder zur Handkante hin (Ziffer 3), so treten in der Aussage die Prinzipien Merkurs hinzu. In dieser Zeichnung kommen die subtilen Wirkungen des aufgelockerten, durchbrochenen Gürtels in einem Bewußtsein zum Tragen, das durch erregende Wißbegier im Erotischen gekennzeichnet ist, aber auch durch eine intellektuell dominierte Begeisterungsfähigkeit.
Wird dadurch der Fluß der Merkurlinie nicht behindert, so eröffnen sich die Möglichkeiten der Umsetzung feingeistiger Erkenntnisfähigkeit und Empfindsamkeit im übersensiblen Erotischen zum Gestalten im Künstlerischen und Ausleben im Schöpferischen. Findet die Merkurlinie im Venusgürtel keinen Durchlaß (Ziffer 4), ergeben sich zunächst einmal Schwierigkeiten im kommunikativen Bezugsfeld. Der Mensch findet keinen harmonisierenden, im geistigen Sein auslebbaren Ausgleich. Nervenbelastende Unzufriedenheit, resultierend aus unfähiger Umsetzungsmöglichkeit der im Inneren stark wirkenden und erregenden erotischen Gefühle sind die Folge.
Die durch den Venusgürtel geschnittene Merkurlinie symbolisiert Sensationslust, sexuelle Neugier, sinnliches Begehren und kann zu nervenaufreibender Unaufrichtigkeit in der Liebe führen (Ziffer 5).
Von großer negativer Aussagekraft ist ein zersplitterter, unruhig geführter und in Überlagerungen sich darbietender Venusgürtel (Ziffer 6). Unterschieden werden muß, ob sich die Überlagerungen in der Linienführung mehr nach den Finger-

Abb. 77

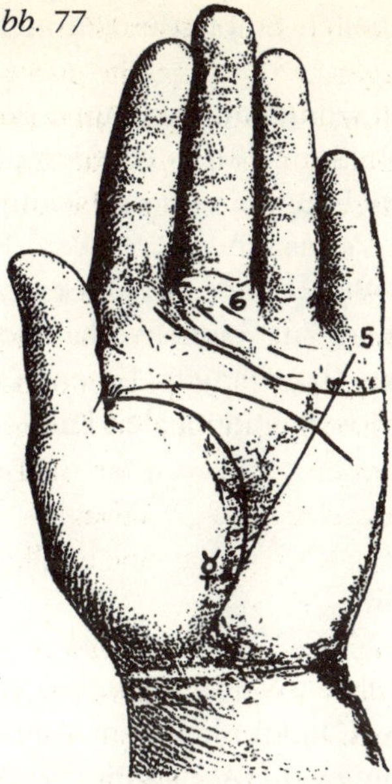

Abb. 78

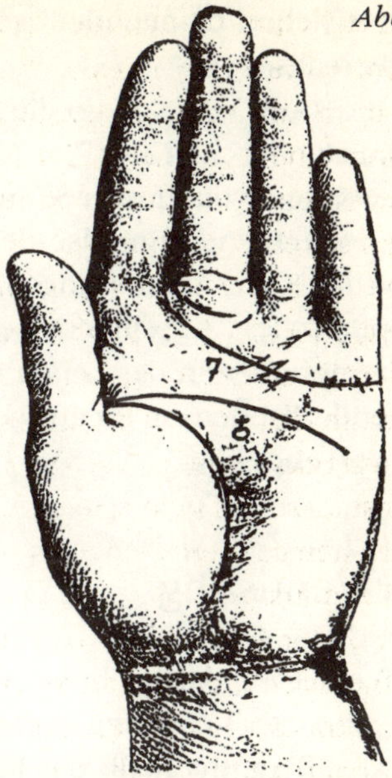

ansätzen zu verschieben oder sich nach unten in den Bereich der Herzlinie einzeichnen. In der *hohen Lage* betreffen die negativen Aussagen vor allem die Sinnlichkeit: Der Betreffende ist im hohen Grade erregbar, übersensibel, unnatürlich, neurotisch, unter Umständen »pervers«. In der *zur Herzlinie verlagerten* Zeichnung liegen stark veranlagte, leidenschaftliche, schwer zu kontrollierende, gefühlsbelastende Momente. Die Gefahr zu Ausschweifungen, pervertierten Liebesbeziehungen und die Empfindung des ständigen Unbefriedigtseins lassen diese Menschen in Unrast kaum zur Ruhe kommen. Liegen die Überlagerungen und die Zeichnung der Linien *mehr zur Seite des Ringfingers verlagert*, so werden die Aussagen stärker auf andere bezogen, auch in Form eines enttäuschenden Unerfülltseins, in Erscheinung treten. *Zur Saturnseite verlagert*, können sich die starken, im tiefsten Innern

zum Ausleben drängenden sexuellen Empfindungen nicht immer realisieren.
Schneidet der Venusgürtel die Herzlinie und verlängert sich in den Handtisch (Ziffer 7 in Abbildung 78), so erleiden die feingeistigen, von innerer Sehnsucht und im Harmonieempfinden getragenen Impulse des Venusischen Einbußen. Es treten leidvolle Anfeindungen, Widerstände, Unglück und kämpferisches Auseinandersetzen im sinnenverhafteten Triebempfinden in das Leben des Handeigners. Lebensverneinende Tendenzen im ausweglosen emotionalen Empfinden sind angezeigt.

Der Venusring

Der Venus*ring* darf nicht verwechselt werden mit dem Venus*gürtel*. Der Venusring liegt als Halbkreis auf dem Venus-(Apollo-)Berg unterhalb des Ringfingers (Abbildung 79). Er ist nach oben geöffnet, stellt aber kein abschließendes Prinzip im Sinne des Venus*gürtels* dar.
In seiner Funktion kann er eher als Brennpunkt, als Sammler höherer, ideeller Venusentsprechungen angesehen werden. Gleichzeitig stellt der Ring eine Abschirmung gegenüber den saturninen Schicksalsaussagen dar.
In der antiken Astrologie wird Venus als das »kleine Glück«, Saturn als das »große Unglück« bezeichnet. In der Symbolik der Linienbezeichnung im Abschirmenden kann hier im Trennenden gegenüber Saturn die glückliche Entsprechung des Ringes zum Ausdruck kommen. Im inneren Ausgeglichensein und einer hieraus resultierenden optimistischen Einstellung zum Leben liegen im Vertrauen auf höhere Fügungen die harmonischen Impulse.
Im Ergebnis führt die Aussage zu einer positiven, glücklichen Lebensgestaltung und gibt Protektion im kosmischen Sinne.

Der Saturnring

Der Saturnring liegt ebenfalls nach oben geöffnet auf dem Saturnberg unterhalb des Mittelfingers (Abbildung 80). Er übt analog zum Venusring keine abschließende Funktion aus, bringt also die saturninen Entsprechungen zum Auswirken. Abschirmend wirkt er jedoch in doppeltem Sinne. Einmal verschließt er sich gegen die Einflußnahme der Venusentsprechungen, zum anderen gegen die Prinzipienaussagen Jupiters. Saturn, in der alten Astrologie das »große Unglück«, verwehrt also in dieser Linienentsprechung der Venus, dem »kleinen Glück«, sowie dem Jupiter, dem »großen Glück«, jegliche Einflußnahme.

In dieser Tragik liegen die schicksalsschweren Auswirkungen: Im Abschirmenden, Undurchlässigen und damit der

Abb. 79

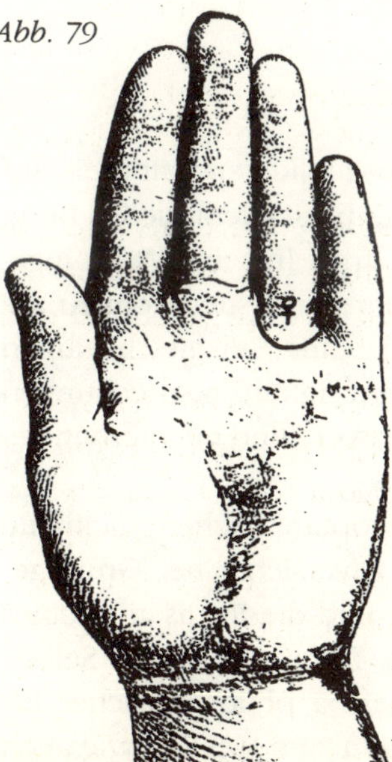

Abb. 80

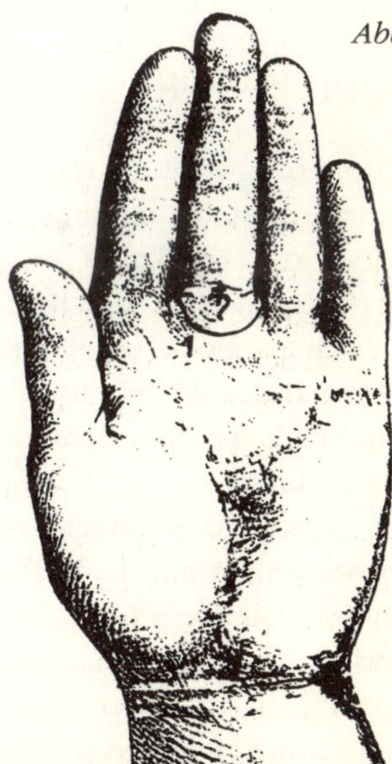

»glückhaften« Entsprechungen ergibt sich die Abgeschlossenheit im Durchleben saturniner Prinzipien. Bedrückende Schwere, lastendes Verantwortungsgefühl (Saturn), im Du nicht realisierbares Harmonieempfinden (Venus) und damit resignierendes, einsames Ausleben der Daseinsentsprechungen (Saturn) verbinden sich mit der unerfüllten Sehnsucht einer in Zufriedenheit empfundenen Selbstdarstellung (Jupiter).
Vielfach erfolgt die Ausführung des Ringes in zwei schräg zueinander laufenden Linien (Ziffer 2 in Abbildung 81). In dieser Zeichnung liegt eine auflockernde Tendenz. In der späten Erkenntnisfähigkeit und dem Eingehen im göttlichen, höheren Empfinden erlangt der Linieneigner die innere Ausgewogenheit und Reife, im Saturninen sein Schicksal bewältigen zu können.

Der Jupiterring

Der Jupiterring liegt als schräg ausgebildeter Halbkreis auf dem Jupiterberg (Abbildung 82). Er umschließt diesen Berg, ist jedoch zur Handkante hin geöffnet. In seiner Wirkungsweise versammelt er die sich im Berg manifestierenden Kräfte im jovischen, glückverheißenden Sinne, im gleichzeitigen Abschirmen der durch Saturn angezeigten Entsprechungen der unglücklich empfindenden Schwere und nüchternen Lebensgestaltung.
In der Aussage des Ringes liegen optimistische, glückhafte Daseinsbewältigung, fröhliche, zuversichtliche Grundgestimmtheit, Glaube an den Erfolg und die Realisation eines gesunden Gestaltungsanspruches. Im ausgeprägten Selbstwertgefühl, in ethischer, religiöser, ja philosophischer Erkenntnisfähigkeit liegen die Wurzeln zum ideellen wie auch materiellen Lebenserfolg.

Abb. 81

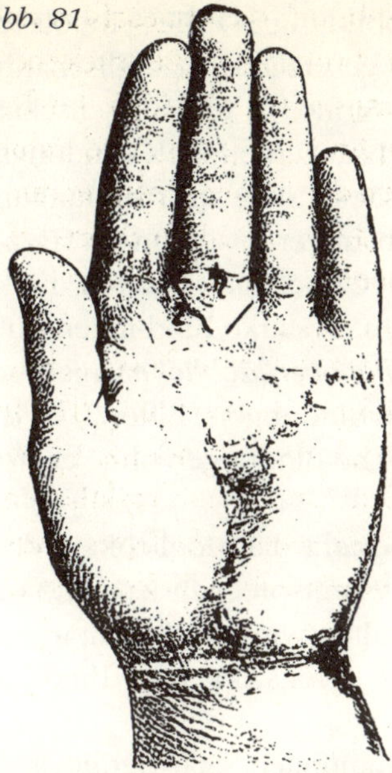

Abb. 82

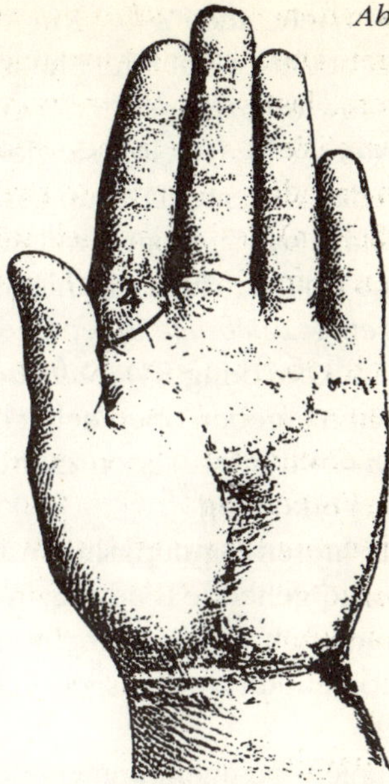

In seltenen Fällen findet sich ein Ring auf der Außenhand, das Grundglied des Jupiterfingers, nach oben hin geöffnet, umschließend. Es handelt sich um den Ring des Salomon. König Salomon, der im 10. Jahrhundert vor Christus lebte, wird große Weisheit nachgesagt. So soll dieser Ring – der, wenn vorhanden, meist mit dem Jupiterring auftritt – neben den Entsprechungen des Jupiterringes diese Weisheit vor allem im universellen, uneigennützigen Absoluten ausdrücken.

Die Ehelinien

Die sogenannten Ehelinien befinden sich an der Handkante (Perkussion) zwischen dem Anfang der Herzlinie und der Basis des Merkurfingers. Sie verlaufen in Richtung des Merkurberges (siehe auch Ziffer 7 in Abbildung 54). Sie symbolisieren nicht unbedingt eine Ehe im gesetzlichen, gesellschaftlichen sowie sozial gebundenen Sinne. In ihrer Eigenschaft und Aussagekraft stellen sie gleichsam emotionale Bindungslinien dar. Bei einer Deutung, insbesondere auf Trennungen, Todesfälle usw. bezogen, müssen immer Aussagen der Herz-, Lebens- sowie Schicksalslinie mit einbezogen werden.

Stark eingezeichnete Linien bedeuten starke Bindungen (Ziffer 1 in Abbildung 83). *Schwache, oberflächliche* Linienformationen ergeben oberflächliche Bindungen (Ziffer 2). *Viele Linien ohne Stärke* lassen zahlreiche Bindungen ohne echtes Erleben erkennen.

Bei mehreren Bindungslinien besteht die Möglichkeit, daß die vorhergehende Bindung, in der entsprechenden Linie angezeigt, noch weiter aufrechterhalten wird, nachdem, in der nachfolgenden Linie ausgedrückt, bereits eine neue Bindung besteht.

Querlinien besagen immer Hemmungen, Schwierigkeiten, Hindernisse, Niederlagen (Ziffer 3). Querlinien im Bezug zu emotionalen Linien, die in waagerechter Linie verlaufen, sind in diesem Falle senkrechte, also Vertikallinien. Sie dürfen nicht verwechselt werden mit auf dem Merkurberg eingezeichneten Samariterlinien. Verbindet sich eine emotionale Bindungslinie im Bereich des Merkurberges mit Samariterlinien, so ergeben sich Deutungsaussagen im Bezugsfeld der Symbolkraft dieser Linienentsprechung: In der lang ausgeführten Bindungslinie und somit in der Verbindung zeigen sich großzügige Herzensbildung, Hingabebereitschaft und ein aufopferndes Eingebundensein in der Du-Bezogenheit (Ziffer 4).

Die vorbezeichneten Querlinien (Ziffer 3), die im Regelfall kurz und einschneidend verlaufen, zeigen einschneidende, schicksalsmäßige Auswirkungen und ergeben – immer in Verbindung mit der Aussagekraft kommunizierender Entsprechungen von Herz-, Kopf-, Lebens- und Saturnlinie – äu-

Abb. 83

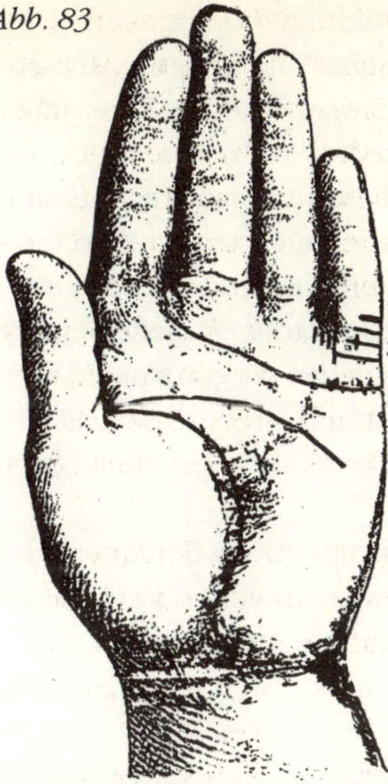

Abb. 84

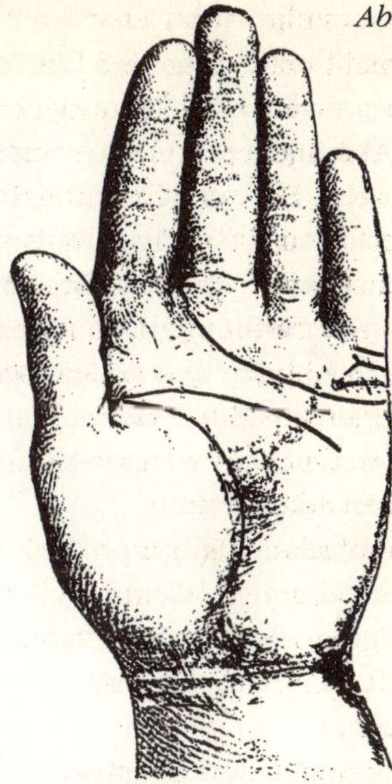

ßere Einwirkungen im karmischen Bezugsfeld und führen zu Trennungen, Scheidungen. Störungen im Zusammenleben werden ausgelöst durch viele feine, kreuzende Linien. Streit, Unverständnis und Sorgen sind die Folge.

Die *aufwärts gebogene* Bindungslinie erstrebt eine Selbstdarstellung im kommunikativen, gesellschaftlichen, partnerschaftlichen Zusammengehen (Ziffer 5 in Abbildung 84).

Im gegensätzlichen Verlauf, *nach unten zur Herzlinie gebogen* (Ziffer 6), symbolisiert sie ein Ausleben im leidenschaftlichen Liebesverlangen. Die starken Gefühle können sich sowohl im egozentrischen Besitzverlangen als auch im Bestreben nach Abwechslung zu leidvollen Erfahrungen und schicksalsmäßigen Prüfungen ausleben.

Die gegabelte Ehelinie (Ziffer 7) besagt nach der chirologischen Literatur ein Auseinanderleben der Partner infolge Verschiedenartigkeit im Charakter und folgert demgemäß letztendlich Trennungen der Partnerschaften. Sind die übrigen Aussagen der Hand günstig, kann von einer Beziehung zu dem Partner ausgegangen werden, die durch vielseitige Interessen gekennzeichnet ist. Dies trifft besonders dann zu, wenn eine für Partnerschaftsaussagen günstige Herzlinie vorhanden ist. In der Symbolik der Gabelung finden hier also einerseits in der Öffnung nach unten das starke Verhaftetsein im Gefühlsmäßigen und andererseits in der Biegung nach oben geistig-intellektuelle Beweglichkeit und Streben nach gleichgestimmter Interessenausrichtung eine Aufgabenstellung im Partnerschaftsbereich.

Hinsichtlich der Frage, ob die Zeitbestimmung der Linien von oben nach unten oder umgekehrt vorzunehmen ist, ergeben sich in der Literatur gegenteilige Auffassungen.

Analog der Tatsache, daß die Herzlinie ihren Anfang an der Handkante nimmt, sich also in diesem Bereich die Aussagen der Linie auf den Beginn des Lebens beziehen, müßte die Zeitbestimmung im Ereignisverlauf der Bindungslinien von dem Beginn der Herzlinie hin zur Basis des Merkurfingers erfolgen. Dies um so mehr, als sich im höhergelegenen Bereich stärkere geistige Impulse zeigen, die der Sinnentsprechung des reiferen Lebens gerecht werden. Die Gesamtlebenszeiteinteilung des Bereiches der Bindungslinien wird in der Literatur ebenfalls unterschiedlich aufgefaßt und interpretiert. Ausgehend davon, daß im Leben auch noch nach dem achtzigsten Lebensjahr Bindungen eingegangen werden, kann man beispielsweise nicht Ereignisse, die sich in der Mitte des Bereiches der »Ehelinien« einzeichnen, mit dem 25. Lebensjahr festlegen. Umgekehrt kann eine Bindungslinie in der mittleren Raumaufteilung nicht mit dem vierzigsten Lebensjahr korrespondieren, wenn sich im nachhinein herausstellt,daß der Handeigner dieses Lebensalter noch nicht einmal erreicht hat ...

Die Raumeinteilung richtet sich also nach der Länge des Lebens. Die Aussage einer Bindungslinie im Mittelbereich hinsichtlich der Altersentsprechung korrespondiert mit der Mitte des zu erwartenden Lebensalters.

Die Uranuslinie

Die Uranuslinie entspringt im unteren Teil des Hypothenars auf der Ulnarseite der Hand im Uranusberg. Somit liegt ihr Beginn im Bereich der Körperebene im physischen Vitalraum des unbewußten Lebens und der nicht mehr erfaßbaren Urkräfte. Sie schwingt in halbkreisförmigem Bogen aus dem Bereich der Handkante empor in Richtung Merkurberg (Abbildung 85, Ziffer 1). In ihrer in Bogenform ausgelegten Zeichnung verbindet sie sich in der Regel mit der Merkurlinie. Dieser Verbindung kommt eine überragende Bedeutung zu. In der Verbindung wird die Uranuslinie von der Merkurlinie aufgenommen, werden die uranischen Impulse im Merkurischen emporgeführt in die geistige Sphäre und damit zur höheren Erkenntnisfähigkeit. Die Existenz der Uranuslinie ermöglicht in Verbindung mit der Merkurlinie die Zusammenführung der als höhere Oktave ausgelegten uranischen Kräfte in der Prinzipaussage Merkurs. Somit symbolisiert die Linienformation die im geistigen Willensimpuls zum Ausdruck kommende Kraftentfaltung, die das Verharren im Stofflichen überwindet. Sie führt im intuitiven, reformerischen Erfassen und Durchdringen der Merkurentsprechungen zur Wahrnehmung außersinnlicher, von einer höheren, hellsichtigen Intelligenz geprägten Daseinsbewältigung. Gleichzeitig liegt in der Linienverbindung (ausgehend von der Rückbezüglichkeit der Merkurentsprechung) eine zusätzliche Aussagekraft im Diagonalverlauf der Merkurlinie: vom vitalen, aktiven Bereich des Ich zum geistigen, passiven Du-Bereich. In dieser

Abb. 85

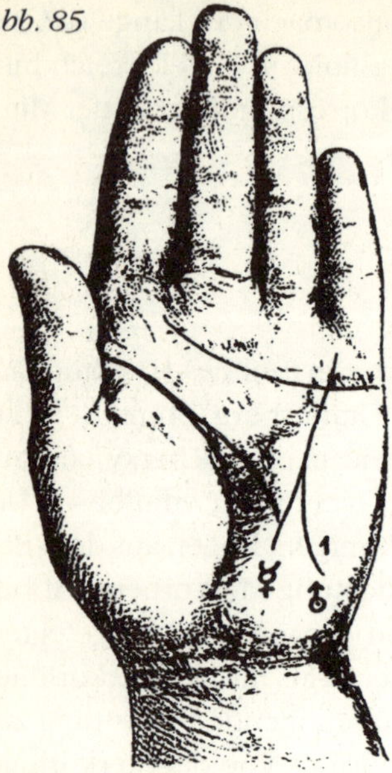

Abb. 86

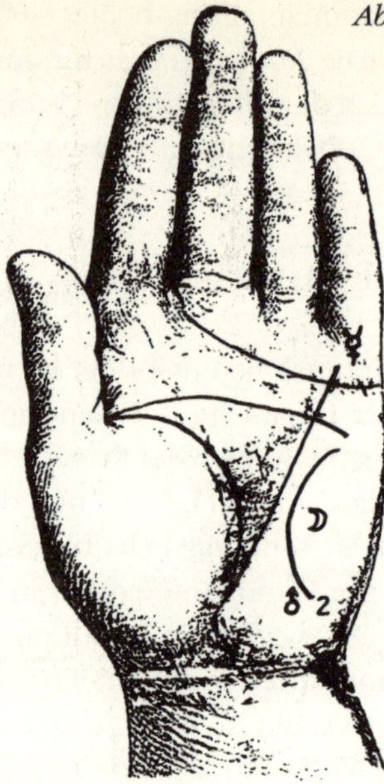

Kombination verbinden sich Originalität, Freiheits- und Unabhängigkeitsliebe mit unvermittelt einsetzender höherer Erkenntnisfähigkeit, ahnendem Vorauserleben, hin zum genialen Erfassen des Lebensstromes.

Wird die Uranuslinie ohne die Einflußnahme der Merkurlinie im Bogen zum Merkurberg geführt (Ziffer 2 in Abbildung 86), leben sich die im Uranischen zum Ausdruck kommenden Impulse unmittelbar in reiner Entsprechung und daher im Irrationalen aus. Es fehlt die gesteuerte Bewußtwerdung der im Unbewußten aufgenommenen intuitiven Eingebungen. Die Verbindung von unten nach oben im rezeptiven Bereich der Hand ist wohl hergestellt, es mangelt aber der vermittelnden, ausgleichenden merkurischen Umsetzungsfunktion im rationalen Erkenntnisbereich. Die geistigen Willensimpulse reagieren eruptiv, unmittelbar, im plötzlichen Ausbruch, verlan-

Abb. 87

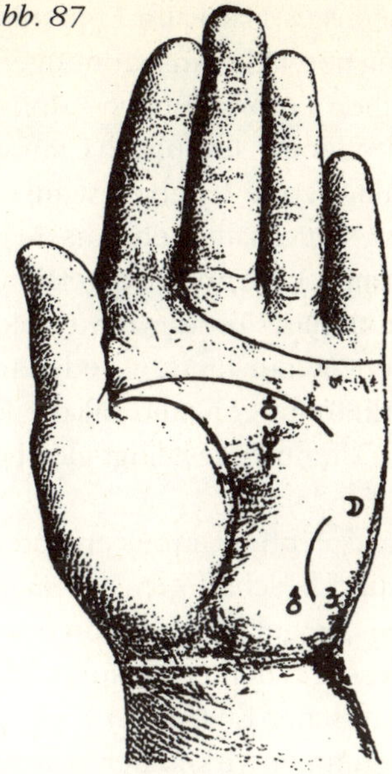

gen nach umwälzender Um- und Neugestaltung ohne Rücksicht auf gesellschaftliche Normen und Gesetzesentsprechungen.

Ist bei dieser Linienführung der Mondbereich nicht mit eingebunden, indem die Linie, aus dem Uranusberg kommend, nur kurz gezeichnet ist (Ziffer 3 in Abbildung 87), erfolgt also keine Versammlung der uranus- und mondbezüglichen Prinzipien, so entsteht zweierlei: einerseits ein unmittelbarer Ausgleich zwischen den Mondentsprechungen in den Auswirkungen des Bereiches der Ebene der Erde und andererseits eine nicht gehaltene Einflußnahme der Uranusimpulse auf diesen gleichen Bereich. Hier vermischen sich Wasser (Mond) und Luft (Uranus) im doppelten Sinne mit dem Irdischen. Einmal als irdische Entsprechung bezüglich der Ebene der Erde, dem rein Irdischen, und einmal mit den Prinzipien

Merkur/Jungfrau/sechstes Haus. Im Ergebnis zeichnen sich in dieser Verbindung nervliche Anspannungen und Belastungen ab. Die seelischen Empfindungen (Mond) und die freiheitlichen, ungebundenen Impulse (Uranus) werden im Kampffeld der Realitätszone hinabgezwungen im irdischen Gebundensein und schicksalhaften Auseinandersetzen im täglichen Lebenskampf. Im Unbefriedigtsein und in der Auflehnung, die revolutionäre Tendenzen erreichen kann, liegen die Spannungen, Widerstände, Niederlagen im Dasein. Ernste nervliche Erkrankungen sind oft die Folge. Eine ungünstig gezeichnete Uranuslinie zeitigt gleiche Entsprechungen.

Menschen mit Schicksalen im Uranus entsprechenden Sinne haben oft Talente und beschäftigen sich mit geisteswissenschaftlichen Studien. Sie gelangen dadurch in der Auseinandersetzung mit diesem Themenkomplex zur Entdeckung übersinnlicher, kosmischer Zusammenhänge im existentiellen, universalen Zusammenwirken der Kräfte.

Die Neptunlinie

Die Neptunlinie entspringt entweder im Neptunberg, dem »Ort des Ursprungs«, im unteren Teil der Lebenslinie oder im untersten Bereich des Thenars. Sie verläuft in leichtem Schwung zum ulnaren Handrand, in dieser Zeichnung den Uranus- sowie den unteren Mondberg umschließend. In dieser Linienführung offenbart die Linie die ihr innewohnenden Impulse. Verbindet und versammelt sie doch in dieser Ausdrucksfähigkeit die Prinzipien Neptuns, des Uranus und der Mondentsprechungen: Inspiratives, visionäres Ahnen (Neptun), intuitives, universelles Wollen (Uranus) sowie traumhaftes, bildhaftes Schauen (Mond) vermischen sich in der Verbindung vom irdischen Müssen zum erlösenden überirdi-

Abb. 88

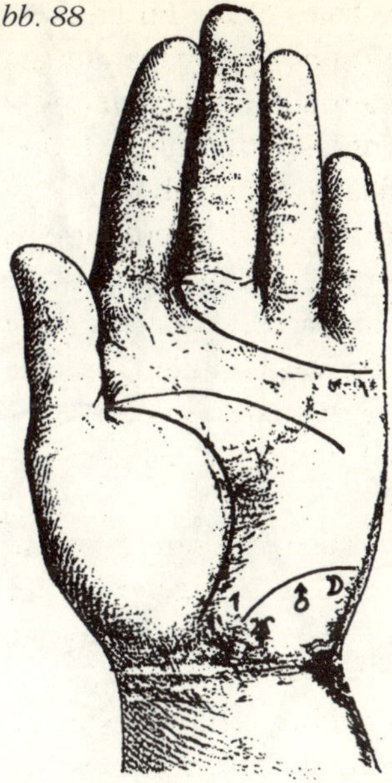

schen Freisein. Oder sie führen in der Umkehrung zur Auflösung der vitalen Lebensentsprechungen (Neptun), zur Zerstörung der willentlichen höheren Denkfähigkeit (Uranus) und letztlich ins Abgleiten seelisch-triebgestörter Unbewußtheit (Mond).

Die Negativaussage symbolisiert eine im hermetischen, abschließenden Verlauf eingezeichnete Neptunlinie (Ziffer 1 in Abbildung 88). In diesem Abschließen liegt die im sehnenden Verlangen ausgeschlossene Verbindung des materieverhafteten Nichterfülltseins mit dem Losgelöstsein von irdischer, verpflichtender Realitätsbezogenheit. In tiefer Ausweglosigkeit liegt die Auflösung (Neptun), die zerstörende (Uranus), im unbewußten, unbewältigten Erfassen (Mond) ausgelöste Zuflucht im nichtlebensfähigen (Neptun), irrationalen (Uranus), erkenntnislosen (Mond) Ohnmachtsempfinden. Im Ergebnis

Abb. 89

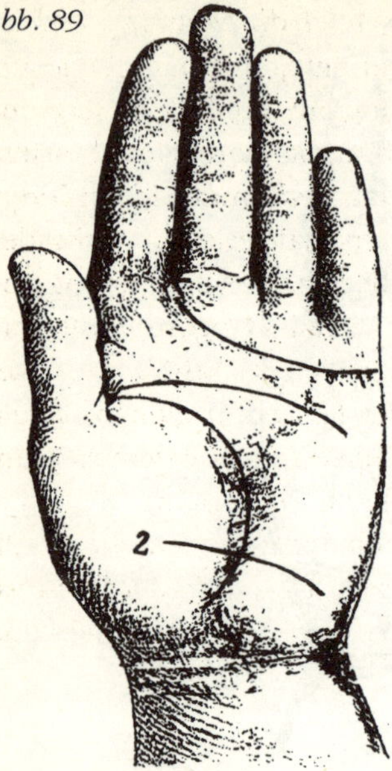

Abb. 90

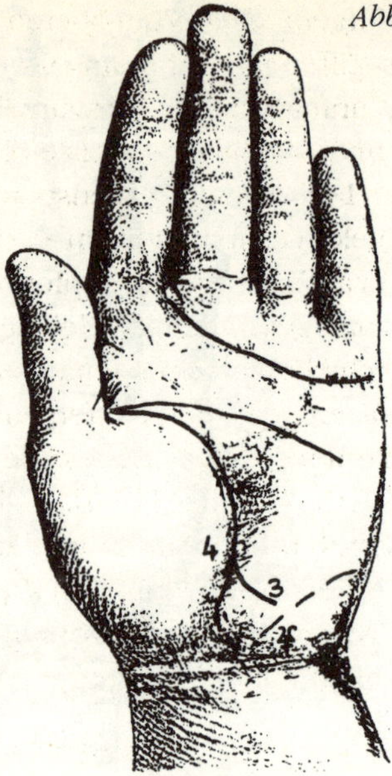

dieser Linienentsprechung spiegeln sich verworrene, chaotische Ansichten in Fragen der Weltanschauung und im Beziehungsleben. Weltfremde, anarchistische Gefühlswallungen beherrschen die Lebensinteressen. In der Endaussage bleibt vielfach nur noch der Ausweg im ungesunden Ausleben durch schädliche Gifte, betäubende Narkotika, den Rausch und ein unwirkliches Exzeßerleben.

Entspringt die abriegelnde Neptunlinie im Thenar (Ziffer 2 in Abbildung 89), so liegt das Schwergewicht der vorbezeichneten Aussagen in der Ichbetontheit, in sinnlicher, ausschweifender Bezogenheit zum Partner. Pervertierte Begierden, erotische Exzesse, seltsame Laster und daraus resultierende Störungen im Partnerschaftsbereich, Sensationslust und sadistische Anwandlungen suchen Befriedigung in krankhafter Wunschvorstellung.

Die aufgelockerte, zum oberen Bereich durchlässige Neptunlinie (Ziffer 3 in Abbildung 90) vermittelt neben einer gesunden, unmittelbaren Verwurzelung im seelischen Urgrund Erkenntnisfähigkeit subtilster Zusammenhänge im übersinnlichen Lebens- und Wesensbereich. Verfeinerte, idealisierende Seelengestimmtheit im Partnerschaftserleben verbinden sich in aufbauender, schöpferischer Phantasiegestaltung und harmoniegebundenem Gleichgewicht im Gegenständlichen.
Ähnliche Entsprechungen ergeben sich bei Erhöhung, fester Konsistenz des Berges, fehlender Linie und gleichzeitigem Vorhandensein eines Astes, die Lebenslinie mit dem Neptunberg verbindend (Ziffer 4). In diesem Bild zeichnet sich eine im höheren Erleben, im göttlichen Schauen verankerte All- und Naturverbundenheit in Zielrichtung einer Vorstellungswelt positiver, erfolggekrönter Daseinserlebnisfähigkeit und -bewältigung.

Die Isis- oder Plutolinie

Die Plutolinie liegt mehr als Einkerbung in vertikaler Zeichnung auf der Außenhandkante (siehe auch Ziffer 6 in Abbildung 54). Sie verbindet im ulnaren Wirkungsfeld die Bereiche der Pluto-, Mond- und Uranusprinzipien. Die Linie findet sich nicht oft im Handbild. Sie ist aus vermutlich diesem Grunde, und auch weil Pluto erst im Jahre 1930 entdeckt wurde, in der alten Literatur überhaupt nicht und in der neueren nur selten – und wenn, dann dürftig – abgehandelt.
Astrologisch muß, seit Pluto existent ist, diesem das Zeichen Skorpion und damit die Herrschaft über das achte Haus zugesprochen werden. In dieser Zuordnung übernimmt Pluto im Handbild die Regentschaft über den Bereich des bisherigen »großen Marsberges« auf der Ulnarseite der Hand.
Da einerseits die Wirkungsweise des Zeichens Skorpion und

die Entsprechungen des achten Horoskopfeldes seit dem Altertum aus Erfahrungswerten bekannt und abgesichert sind und andererseits mit der Entdeckung des Planeten und ab dieser Zeitentsprechung sich in unserem Zeitalter die Auswirkung dieser Prinzipien in zusammengeballter, in ungewöhnlich starker Energieentfaltung darstellen, ist sowohl die Zuordnung des Pluto zu Zeichen und Haus wie auch die im analogen Sinne gleichgestimmte Wirkungsweise anzunehmen. In dieser Erkenntnisfähigkeit und damit im Resultat liegen die Deutungsmöglichkeiten der Isis- bzw. Plutolinie.
Hinsichtlich der Frage, inwieweit sich die Auswirkungen in positiver oder negativer Kraftentfaltung ausleben, dürfte bei dieser Linie die Gesamtaussage des Handbildes entscheidend sein.
Das plutonische Prinzip stellt sowohl die universelle Schöpfungskraft wie auch den dämonischen, zerstörerischen Vernichtungstrieb dar. Es ist die Offenbarung höherer Fügungen und göttlicher Erkenntnisfähigkeit wie auch die bewußte Einflußnahme im Umgestalten, im Neubeginn und gleichzeitigen Zerstören, im skrupellosen Auflösen irdischer Entwicklungen und Lebensformen.
Im Ansatz liegt ein Umwelt- und Allbewußtsein, das sich an der Vervollkommnung und einem höheren Harmonieempfinden orientiert. Der Beginn ist geistig, willensbetont, das Erkennen ist im ideologischen Wissen verhaftet. Es sind brutale und grausame kollektive Machtbestrebungen angezeigt, die aber zum Niedergang führen.
Im Zeichen der Plutolinie liegt die symbolhafte astrale Weisung, aus irdisch verhafteter, stofflich gebundener Kollektivverhaftung emporzusteigen in überstoffliche, geistige Bereiche, im universellen Wissen um die Zusammenhänge im astralen, allumfassenden Weltenrhythmus.
Die Plutolinie symbolisiert also höchste geistige Erkenntnisfähigkeit. Sie vermittelt magische Einflußnahme auf die Mas-

se, die Umwelt, die Beherrschung des Kollektivs und den Machtanspruch. Zum anderen ist sie die Läuterung im uneigennützigsten, reinsten Daseinsempfinden und führt zu transzendenter Weisheit und damit zur Bewältigung der letztendlichen eigenen Aufgabenstellung im derzeitigen Leben.

Kapitel 7

Die Hautleisten

Die Bemusterung der Innenhand erschöpft sich nicht in der Einzeichnung der Handlinien. Vielmehr ist der gesamte Innenhandbereich einschließlich der Finger und hier insbesondere der Fingerendungen, der sogenannten Fingerbeeren, von einem Hautleistenmuster, den Papillarleisten bzw. Papillarlinienformationen, überzogen. Diese Bemusterung ist – im Gegensatz zu den Handlinien – auf dieses Leben bezogen unveränderlich und für den Einzelmenschen individuell, d. h. einmalig in der Struktur bzw. Systematik eingezeichnet.

Während die Handlinien Anlagen, Talente und Neigungen symbolisieren, geben die Musterungen der Hautleisten die charakterliche Grundtendenz, das Niveau und die Bestimmung des Handeigners in einem höheren geistig-seelischen Eingebundensein im kosmischen Sinne.

Hierbei ergeben sich hinsichtlich der Niveaubestimmung im Strukturbild der Papillarleisten Werte, die einmal den quantitativen und zum anderen den qualitativen Gehalt der charakterologischen Entsprechungen der Einzelpersönlichkeit darstellen.

Beim *Quantitativen* liegt die Feinheit der Zeichnungen in der Papillarlinienbemusterung. Ein feines, enges Strukturbild gibt eine verfeinerte, von großer seelischer Beeindruckbarkeit bestimmte Ansprechbarkeit. Diese Feinheit der Muster geht einher mit einem linienreichen Handbild und wird in ihrer Zartheit durch eine verstärkte Anzahl von Nervenendigungen in differenziertem feinem Gespür und geistiger Lebendigkeit ausgedrückt. Das weitmaschige Strukturbild bei weniger Nervenendigungen und linienarmer, grober Handentsprechung gibt undifferenzierte, ungeschlachte, in der Umsetzung verlangsamte Charaktereigenschaften. Diese Handeigner begreifen verzögert, sind dabei aber ausdauernd, unkompliziert und verfügen über eine ausgeprägte Widerstandsfähigkeit und Unempfindlichkeit im seelischen Erleben.

Der *qualitative* Wert der Papillarleistenmusterung offenbart sich in einer ungestörten, fehlerfreien Musterung. Fehlerquellen liegen in Inselbildungen, in Unterbrechungen und Gabelungen. Die Negativaussagen haben Entsprechungen, die denen bei den Handlinien entsprechen.

Die Triradien

Die Vereinigung dreier Leistenströme versammeln sich in den sogenannten Triradien. Bezogen auf die Fingerberge, bilden die Triradien die Berghöhe, das Zentrum des einzelnen Berges (Abbildung 91, Ziffer 1). Der nach der Handinnenfläche verlaufende Leistenstrom (Ziffer 2) ist hierbei von Wichtigkeit in der Deutungsaussage. Als Kardinalleiste von allumfassender, bedeutungsvoller Aussagekraft ist der Leistenstrom anzusehen, der aus der Jupitertrirade als sogenannte Diagonalleiste in den Handinnenraum verläuft.

Der Fluß dieser Leiste, der in der Selbstdarstellung, in der Ichverhaftung des Handeigners Gestalt annimmt, sowie die Verlaufsrichtung geben die grundsätzlichen daseinsentscheidenden Lebensentsprechungen. Verläuft der Leistenstrom in den emotionalen Raum, d. h., orientiert er sich zur Herzlinie (Ziffer 3 in Abbildung 92), so ergeben sich im Bild der Persönlichkeit Tendenzen einer stark gefühlsmäßigen Lebensbewältigung. Das Gemüt, unrealistische Daseinsformen, An-

Abb. 91

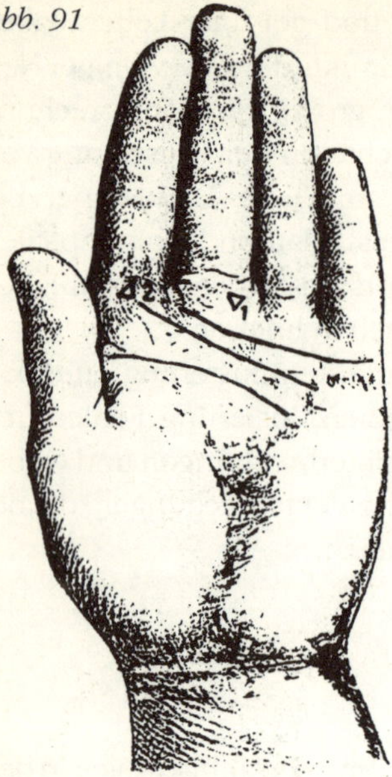

Abb. 92

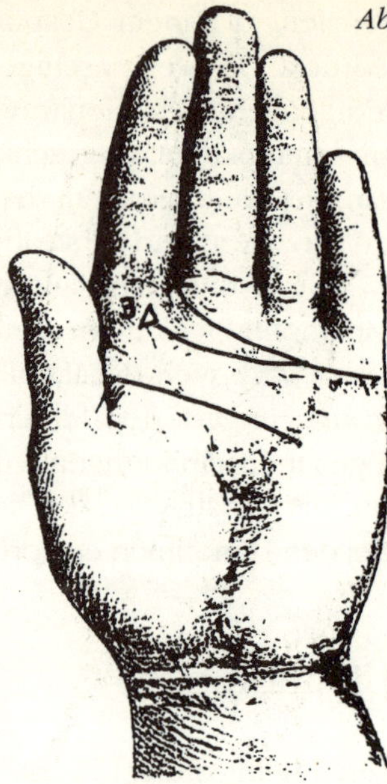

lehnungsbedürfnis und sehnender Liebesbezug haben Vorrangstellung.

Die »normale« Verlaufsrichtung zwischen Herz- und Kopflinie, also im Raum der Bewußtheit und der Realität, zeigt eine willensmäßige, verstandesbetonte Bewältigung der Lebensaufgaben (Ziffer 2 in Abbildung 91).

Endet der Leistenstrom im Mondberg (Ziffer 4 in Abbildung 93), so ist sowohl ein Verhaftetsein im Realitätsbereich gegeben, weil die Diagonalleiste zunächst diesen Raum passieren muß, wie andererseits eine Einflußnahme im bildhaften, mondbezüglichen Erleben angezeigt.

Findet eine Realisation der Verlaufsrichtung im Uranusberg statt (Ziffer 5), erleben die uranischen Entsprechungen einer intuitiven, blitzartig gesteuerten Erkenntnisfähigkeit im Bewältigen nichtalltäglicher Aufgabenstellungen Aussagekraft.

Abb. 93

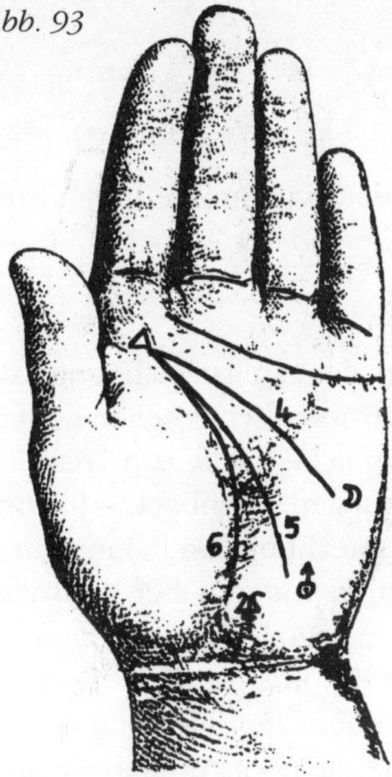

Abb. 94

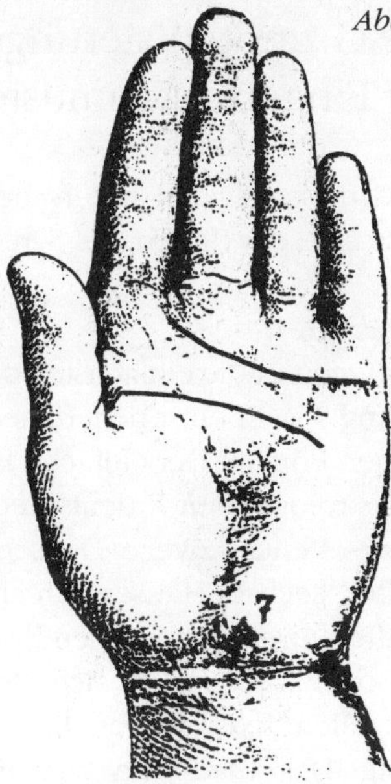

Das Herabfallen der Diagonalleiste in den Bereich des Neptunberges kann einer Sogwirkung in nicht mehr zu kontrollierende Bereiche gleichgesetzt werden (Ziffer 6).
Bezüglich der Triradien im Handbereich ist der Handwurzeltriradius, der normalerweise im untersten Bereich des Neptunberges liegen sollte, von Wichtigkeit. Dieser karpale Triradius hat vornehmlich gesundheitliche Entsprechungen und wird in der Erbbiologie, wenn er nach der Handmitte zu verschoben ist, mit Chromosomen-Anomalien gleichgesetzt. In Verbindung mit der »gesperrten Hand« bzw. bei Diagonalleistenverlauf im emotionalen Bereich zeigt sich oft Mongolismus (Abbildung 94).

Die Grundtypisierungen der Fingerleistenmuster

Im Grundsätzlichen unterscheiden wir drei Leistenmuster. Diese sind der Bogen, die Schleife und der Wirbel.

Der Bogen

Der Bogen ist die einfachste Form der Papillarzeichnung (Abbildung 95). Er entspricht daher astrologisch gesehen dem irdischen Prinzip. Der einfache Bogen besitzt keinen Triradius. Die astrologischen Erdentsprechungen »Steinbock – Saturn«, »Stier – Venus, zweite Hausentsprechung« und »Jungfrau = Merkur, sechste Hausentsprechung« finden daher im Bogen undifferenziert, nur auf den Bogen bezogen Aussagekraft.
Im Bogen versammelt sich also das irdische Prinzip in der kardinalen, fixen wie auch veränderlichen Elemententsprechung: Das *kardinale*, saturnine Steinbockprinzip manifestiert sich im Bogen in Ausdauer, zähem Durchhaltevermögen, in Zuverlässigkeit, Ernst, Einfachheit, konkretem, auf Sachlichkeit und Realisierbarkeit bezogenem Denkvermögen. Im negativen Aussagefeld kann sich die Einfachheit in mehr oder weniger primitiven Lebensformen ausleben. Im *fixen*, venusischen Stierelement findet die Bogenform eine naturverbundene, in der Materie verhaftete, gesunde Existenzgrundlage. Der Handeigner steht mit beiden Füßen auf der Erde. Die im saturninen Steinbockprinzip sich ausprägende zurückhaltende Gefühlskomponente unterliegt hier einem trägen Treueaspekt, der sich jedoch unvermittelt in unbeherrschter Leidenschaftlichkeit ausleben kann. Fleiß, Bewältigung der täglichen Lebensaufgaben, nüchternes Kalkül und Praxisbezogenheit finden im *veränderlichen*, merkuriellen Jungfrauelement ihren Niederschlag.
Das Bogenmuster auf dem *Daumenendglied* verstärkt die

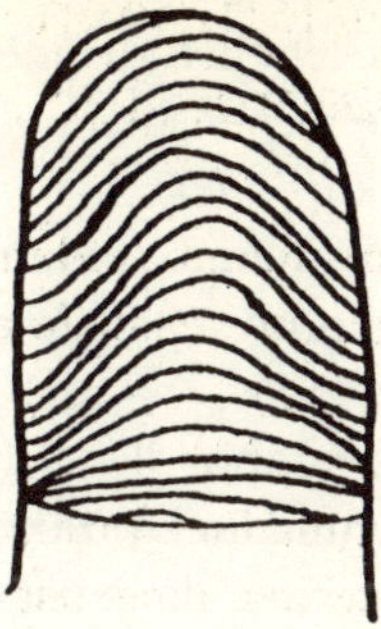

Abb. 95

Tendenzen im beharrlichen, ichverhafteten Durchsetzungsverhalten. Auf dem *Jupiterfinger* zeigt das Bogenmuster Einordnungsbereitschaft im sozialen Bereich sowie kompromißlose Anerkennung der bestehenden Ordnungsprinzipien. Der Bogen auf dem *Saturnfinger* unterstreicht die erdverhafteten Entsprechungen. Es besteht die Gefahr, im allzu »Irdischen« dem lebendigen Lebensfluß zu entsagen. Ein Bogenmuster auf dem *Venusfinger* symbolisiert Zuverlässigkeit im Partnerschaftsbereich. Der Handeigner ist mit der Partnerwahl zufrieden und fügt sich in das Beständige und Gleichmäßige. Auf dem *Merkurfinger* veranschaulicht der Bogen Begabungen im rein geschäftsmäßigen, realitätsbezogenen Sinne. Das Kommunikationsbestreben beschränkt sich auf den praxisbezogenen Nutzeffekt.
Bogenmusterung und gleichzeitige Spatelform eines Fingers führen zur Dynamisierung der Bogenentsprechungen im Sinne einer existenzbewußten Boden- und Heimatverhaftung (Daumen), zu einer im Alltäglichen dominierenden, auf die engere Umgebung konzentrierte sozialen Eingebundenheit (Jupiterfinger), zu einer im Traditionsempfinden stark ausgelegten Verhaltensform zur Erhaltung und Mehrung bodenständiger Werte (Saturnfinger), zu einer für den Partner aufopferungsbereiten Einsatzfreudigkeit im Bestreben der

gleichzeitigen bedingungslosen Beherrschung des anderen (Venusfinger) sowie letztlich zu einer nur auf den Erwerb, auf die praxisbezogene Lebenstüchtigkeit ausgelegte Daseinsentsprechung (Merkurfinger).

Die eckige Fingerform ergibt bei der Bogenmusterung eine verstärkte Festlegung im realbezogenen, praxisnahen, irdischen Lebensbereich.

Für den *Daumen* versinnbildlicht diese Aussageform die Fixierung, die Verharrung im egozentrischen Sein. Im Zeichen des *Jupiterfingers* werden die sozialen wie auch persönlichkeitsbezogenen Wertvorstellungen, desgleichen die gesetzes- und gesellschaftsbezogenen Maximen – dogmatisiert – übernommen und anerkannt. Die Form, die Begrenzung im Raum, die irdische, alleingültige Entsprechung einer nüchternen Leistungsbezogenheit ist »Religion« im unbeugsamen Durchhaltebestreben der im Bogenmuster gelegenen, eckig ausgeprägten Form des *Saturnfingers*. In der eckigen Form, verbunden mit der Bogenmusterung des *Venusfingers*, wird Treue zum belastenden Ertragen. Die Prinzipienverhaftung lähmt gefühlsmäßige Impulskräfte in der hingebenden Du-Bezogenheit. Eckige Form und Bogen auf dem *Merkurfinger* versinnbildlichen eine »konkretisierende« Intelligenz. Die Denkvorgänge sind nüchtern und auf Handlungen praxisnah bezogen. Organisationstalent kann angezeigt sein.

Die konische Fingerform bei Bogenmusterung kann zu Diskrepanzen in der Charakteraussage, in den Bestrebungen, im Gefühlsbereich und damit letztlich in der Daseinsentsprechung führen. Gleichzeitig erfolgt in der konischen Einflußnahme eine Auflockerung der erdbezogenen Bogenentsprechung.

Auf den *Daumen* bezogen, erfährt die Schwere der Materieverhaftung eine auflösende Tendenz. Durch den veränderlichen, also konischen Einschlag, der insbesondere durch die Wasserkomponente einen »Gegenpol« zur Kardinalentsprechung des Daumens findet, können sich, bezogen auf die Bogenmusterung, Widersprüche bezüglich passivem Gefühlsempfinden und aktivem Tatbestreben ergeben. Konische Form mit Bogenzeichnung beim *Jupiterfinger* symbolisiert gewachsene Persönlichkeitsstruktur, die sich in anpassungsbereitem Sozialverhalten äußert. Die Bogenmusterung beim *Saturnfinger* bei gleichzeitiger konischer Formung kann einerseits die Aufhebung von Grenzen in der konstanten Leistungsbezogenheit aufzeigen wie auch andererseits eine Auflockerung einer allzu ernsten Lebensbewältigung veranschaulichen.

Das irdische Prinzip der Bogenaussage verleiht dem idealbetonten *Venusfinger* bei gleichzeitiger konischer Ausprägung eine ernstere Note. Wenn auch die Beweglichkeit und die Veranlagung zum Enthusiasmus Einbußen erfahren, so manifestiert sich im Bogenmuster trotzdem eine sichere Verankerung im Gefühlsbereich und somit in der auf das Du bezogenen Erlebnissphäre. Im *Merkurfinger* finden Bogen und konische Aussageform Beweglichkeit, gepaart mit praxisbezogenem Denken und Handeln.

Die Schleife

Während der einfache Bogen keinen Triradius aufweist, stellt die Schleife schon eine kompliziertere Musterung dar, die einen Triradius besitzt. Die dem Element Feuer zugeordnete Schleife gibt es als radiale Schleife, die der Mars-Sonne-Entsprechung zugeordnet werden kann, und als ulnare Schleife, die Mars-Jupiter-Charakter besitzt. Im ersteren Falle haben wir kardinal-fixe Entsprechungen, im zweiten kardinal-veränderliche Qualitäten.

Die *radiale* Mars-Sonne-Entsprechung (Abbildung 96) symbolisiert aktive Tatkraft und schöpferische Impulse. Sie strebt im vitalen Erleben nach außen. Die *ulnare* Mars-Jupiter-Entsprechung (Abbildung 97) ist eine nach innen gerichtete

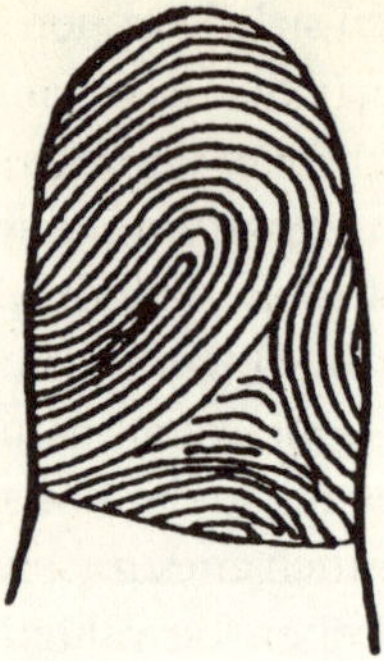

Abb. 96

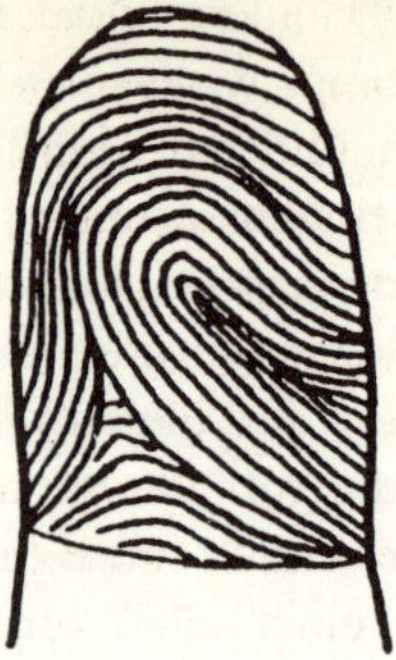

Abb. 97

Kraft, die Kontakte und Öffnung im dubezogenen sozialen Bereich veranschaulicht. Gleichzeitig besteht ein Streben nach Erfülltheit.

Die Radialschleife auf dem *Daumen*, hier im doppelten Sinne Mars-Sonne-Entsprechung, versinnbildlicht eine durchschlagende, überstarke Durchsetzungskraft in der Lebensgestaltung und Bewältigung der Daseinsaufgaben. Auf dem *Jupiterfinger* bringt die Radialschleife dominierendes Geltungsstreben zum Ausdruck. Auf dem *Saturnfinger* symbolisiert sie höchste Leistungsbereitschaft und durchsetzungsbereites Emporsteigen im beruflichen wie auch materiellen Lebensbereich. Auf dem *Venusfinger* veranschaulicht sie die Tendenz, die starken, auf das Du bezogenen Gefühle auszuleben. In der radialen Schleifenmusterung des *Merkurfingers* liegen dynamische Auffassung und Reaktion. Der Handeigner erscheint beherrschend und vermittelnd.

Das Ulnarmuster auf dem *Daumen* bringt die Bestrebung, sich durch Anschmiegsamkeit durchzusetzen, und Verhaltensweisen im ichhaften Erlebnisbereich. Auf dem *Jupiterfinger* ausgeprägt, symbolisiert die Ulnarmusterung eine starke soziale Eingebundenheit, die im universellen Rechtsempfinden zum Ausdruck kommt. Ulnarmusterung auf dem *Saturnfinger* bringt aktive, wahre Religiosität und die Tendenz, sich mit Fragen der Sittlichkeit auseinanderzusetzen. Die Zeichnung auf dem *Venusfinger* veranschaulicht subtiles, idealbetontes Einfühlungsvermögen im Partnerschaftsbereich. Im schöngeistigen, künstlerischen Empfinden manifestieren sich höhere Strebungen nach Idealen. Der *Merkurfinger* zeigt in der Ulnarausprägung eine verbindliche, verstandesbetonte Rechtsauffassung, jedoch im konkreten Fall mit der Bereitschaft zur angemessenen Anpassung.

In der radialen Schleifenmusterung bei der *Spatelform* (Mars/Sonne/Venus, zweite Hausentsprechung/Uranus) ergibt sich eine doppelte Wirkungsweise der Mars-Sonne-Entsprechungen. Dynamisierendes Dominanzverhalten, verbunden mit vitalen Willensimpulsen sowie drängender, die Dinge neu ordnender Schaffenskraft im Materiellen sind die Folge. Die *eckige* Form (Saturn/Jupiter/Merkur, sechste Hausentsprechung/Pluto) gibt der radialen Schleifenmusterung eine mäßigende, verhaltenere Wirkung. Begrenzendes Realisationsbestreben, ausdauerndes Erwerbsstreben sowie sittlich-moralisches Rechtsempfinden sind ausgeprägt und wollen ausgelebt werden. *Konische* Finger (Mond/Venus, siebte Hausentsprechung/Merkur, dritte Hausentsprechung/Neptun) in Verbindung mit radialer Papillarleistenform veranschaulicht aktives Bestreben im Ideellen, im sinnlichen Ausleben, im romantischen, bildhaften Erleben sowie karitativen Tätigwerden.

Spatelform bei der ulnaren Schleifenmusterung (Mars/Jupiter) führt durch den ausgleichenden Jupitereinfluß zu einer aktiven, aber gleichzeitig sozial verpflichtenden Herausstellung im Leben. Infolge des starken Feuereinflusses erlebt die introvertierte Charakterentsprechung eine gefühlsintensive Erlebnisfähigkeit, die im Außen Erfüllung sucht. In der *eckigen* Fingerform gestaltet sich die ulnare Schleifenmusterung im verstärkten Einfluß Jupiters. Die nach innen orientierte Erlebniswelt, die sich im formenden Gestalten erfüllt, erfährt gleichzeitig eine sittlich-religiöse Komponente. Im *konischen* Aussagebereich findet die Ulnarentsprechung der Schleife höchste Gefühlsintensität. Universelles Verstehen und Begreifen der Seinsentsprechung suchen harmonisierende Erfüllung.

Der Wirbel

Wirbelmuster sind im astrologischen Sinne mit dem Element Wasser gleichzusetzen. Wirbelmuster empfangen stärkere Impulskräfte. Die Intensität der Strömung erfährt im zweifach angelegten Triradius Aussagekraft. Gleichzeitig ergibt sich eine dreifache Aufteilung in den entsprechenden Wasserelementen.

Reine, in der Wasserentsprechung auftretende Wirbelmuster sind:

- die Spirale; die Spirale hat Mond-Krebs-Charakter (Abbildung 98);
- der kreisförmige Wirbel; der kreisförmige Wirbel entspricht dem Pluto-Skorpion-Prinzip (Abbildung 99);
- der mandelförmige Wirbel; der mandelförmige Wirbel symbolisiert Neptun-Fische-Entsprechungen (Abbildung 100).

Im Spiralwirbel erfolgt darüber hinaus eine weitere Aufteilung. Sie ist einmal rechtsdrehend sowie andererseits linksdrehend ausgelegt (Abbildungen 101 und 102). Der rechtsdrehende Wirbel symbolisiert eine aktive Komponente, der linksdrehende Wirbel eine passive, verinnerlichende Wesensentsprechung.

Gemäß der Mond-Krebs-Aussage offenbart die Spirale subtilste Seelenentsprechungen. Innere Erlebnisfähigkeit, weibliche Empfänglichkeit und Eindrucksfähigkeit, Phantasie, bildhaftes Denken, Gedächtniskraft und sehnendes Verlangen

Abb. 98

Abb. 99

Abb. 100

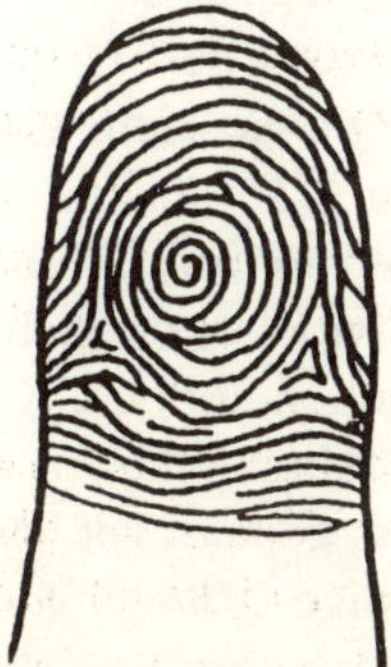

Abb. 101

Abb. 102

nach Geborgenheit sind ausgeprägt. Die Häuslichkeit, die Familie, das Eingebettetsein im Schutze des mütterlichen »Urgrundes« erlangen Vormachtstellung. Die Spirale weist auf einen starken Vergangenheitsbezug. Spiralträger können Zurücksetzungen, Niederlagen, Enttäuschungen, hervorgerufen durch den Partner, kaum verkraften. Sie können nicht vergessen und reiben sich im immerwährenden Erinnern an glückhafte, nicht mehr existente Gegebenheiten auf.
Spiralwirbel auf dem *Daumen* versprechen eine gute Gesundheit, Familienbewußtsein und solide Häuslichkeit. Auf dem *Jupiterfinger* symbolisieren sie soziale Eingebundenheit, Popularität und Güte. Die Zeichnung auf dem *Saturnfinger* gibt Traditionsbewußtheit. Kontaktschwierigkeiten können angezeigt sein. Spiralmusterung auf dem *Venusfinger* läßt Fürsorglichkeit, Sinn für schöne Heimgestaltung und Liebesverlangen erkennen. Auf dem *Merkurfinger* sind gutes Gedächtnis, Anpassungsfähigkeit und Lernbegabung ausgeprägt.
Der kreisförmige Wirbel (Abbildung 99) hat Pluto-Skorpion-Entsprechungen. Im fixen Wasserzeichen Skorpion erfährt die Seelenstruktur durch die Herrschaft Plutos eine fixierende, in der Leidenschaft sich auslebende Sinnlichkeit. Diese Menschen sind in ihrem Wesen unausgeglichen und daher schwer zu beurteilen. Sie verfügen über starke Konzentrationsfähigkeit sowie magische erotische Anziehungs- und Ausstrahlungskraft. Die Willensenergie kann eine die Umwelt beherrschende Rolle spielen.
Auf dem *Daumen* bewirken kreisförmige Wirbel tiefempfundene, sinnenmäßige Willensimpulse, die sich in verzehrender Leidenschaftlichkeit ausleben können. Kreisförmige Wirbel auf dem *Jupiterfinger* versinnbildlichen ehrgeiziges Verlangen nach Auszeichnungen, gepaart mit verletzlichem Selbstwertgefühl. Die kreisförmige *Mittelfingerzeichnung* prädestiniert zu Ausdauer und vertiefter Konzentrationsfä-

higkeit. Auf dem *Ringfinger* symbolisiert die Zeichnung magische, erotische Anziehungskraft, die sich im leidenschaftlichen Erleben realisieren will. Im Begehren, in den Sehnsüchten liegt die Gefahr gefühlsmäßiger Irritierbarkeit. Der kreisförmige Wirbel auf dem *Merkurfinger* gibt ein subtiles, feines Gespür sowie die Gabe spekulativer Instinktsicherheit.

Spateleinfluß bei kreisförmiger Wirbelmusterung verstärkt die Eigensinnigkeit und kann zu Streitlust und übersteigerter, das Du überrennender Willensenergie führen. Die *eckig* ausgelegte Fingerform in Verbindung mit kreisförmigem Wirbel läßt die Gefahr der Unnachgiebigkeit aufkommen. Gleichzeitig besteht jedoch die Tendenz, sich in schwierigsten Aufgabenstellungen durchzubeißen. *Konische* Fingerform und kreisförmige Wirbelmusterung können im höheren Erkenntnisbereich Wirkungen auslösen und sich realisieren.

Der mandelförmige Wirbel (Abbildung 100) symbolisiert Neptun-Fische-Entsprechungen. In dieser Wirbelzeichnung schwingt eine starke innere Erlebnisfähigkeit. Empfindsame Beeindruckbarkeit, ideal- und phantasiebewegte Wesensentsprechung sowie gefühlvolle, sensible Veranlagung sind ausgeprägt. Handeigner mit mandelförmiger Wirbelentsprechung sind hilfsbereit und können sich in die Problemstellung und die Schwierigkeiten anderer Menschen hineinversetzen. Sie sind prädestiniert, dem ratsuchenden und oft verzweifelten Mitmenschen Trost und neuen Lebensmut zu geben. Im inspirativen Erfühlen liegen die Möglichkeiten zur Bewältigung der Lebensaufgaben, die diesen Handeigner im sehnenden Verlangen und gemäß den Wunschvorstellungen sowohl im materiellen wie auch ideellen Bereich erfolgreich werden lassen.

In der Negativaussage liegen bei diesen Wirbelträgern verzagender Mut, Resignation, Lebensangst, innere Aufgewühltheit, Unentschlossenheit, melancholische Anwandlungen

und die Gefahr der Anfälligkeit für Drogen und Genußgifte. Der Handeigner ist zu höchstem seelisch-geistigem Höhenflug wie auch zum tiefsten seelisch-lebenszerstörenden Zerrüttetsein veranlagt.
Mandelförmige Wirbelbemusterung auf dem *Daumen* kann Schwierigkeiten in der Familiengebundenheit anzeigen. Auf dem *Jupiterfinger* zeigen sich in dieser Musterung Tendenzen der Anerkennung und des Erfolgs im intuitiven Erkennen von Zusammenhängen und der Daseinsentsprechungen. Die Zeichnung auf dem *Saturnfinger* verführt zu grüblerischen Anwandlungen und pessimistischen Neigungen. Gleichzeitig tendiert sie zur Bescheidenheit und zu einer zurückhaltenden Wesenheit. Mandelförmige Wirbelentsprechung auf dem *Venusfinger* gibt künstlerische Ambitionen im darstellenden Sinne. Daneben zeigt sich eine starke Gefühlstiefe in den Liebesbeziehungen und den Du-Entsprechungen. Auf dem *Merkurfinger* symbolisiert die Musterung intuitiv gesteuerten Ideenreichtum, der sich in geschäftsmäßigen und materiellen Erfolgen niederschlagen kann.

Weitere Formen der Fingerleisten

Wenn zu Beginn des vorigen Abschnitts festgestellt wurde, daß Bogen, Schleife und der Wirbel Grundtypisierungen in den Fingerleistenmustern darstellen, so ergeben sich aus diesen drei Formen, die den Elementen Erde, Feuer und Wasser entsprechen, drei weitere, die dem Element Luft entsprechen. Es handelt sich hierbei um die Leistenmuster des Tannenbogens, der Zwillingsschleife und des Ovarials. Im Tannen*bogen* wird die Bogenaussage, in der Zwillings*schleife* die Schleifenaussage und im Ovarial die Wirbelaussage, bezogen auf die jeweiligen Luftentsprechungen, relevant.
Das *Tannenbogenmuster* (Abbildung 103) korrespondiert

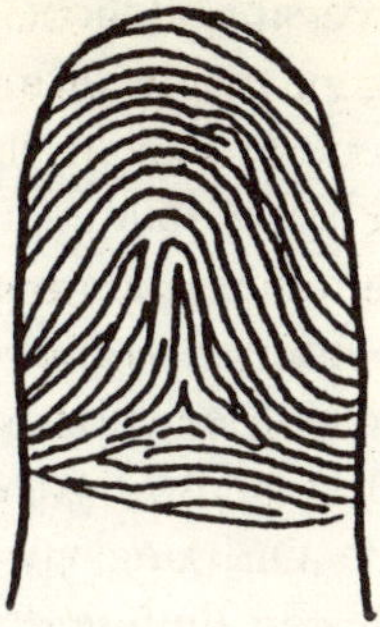

Abb. 103

mit dem Zeichen Wassermann (Uranus), die *Zwillingsschleife* (Abbildung 104) hat Merkur-Zwillings-Charakter, und das *Ovarial* (Abbildung 105) korreliert in seiner Aussagekraft mit der Venus-Waage-Entsprechung.

Der Tannenbogen

Der Bogen selbst weist in der Regel keinen Triradius auf, das Muster kann jedoch über einen Triradius verfügen, worin sich eine höhere, verfeinerte Schwingungsform der Luftentsprechung manifestiert. In der hochgezogenen Mittelachse, die der Form einer Pfeilspitze gleichkommt, zeigt sich bildhaft die uranische und damit Wassermannentsprechung. Handeigner mit Tannenbogenmusterung sind daher im Grundlegenden nicht in der Materie verhaftet, wie es im Bogen ausgedrückt ist, sie streben vielmehr gemäß der uranischen Luftentsprechung Überwindung der Materie an. Im gleichen Sinne wollen sie Bestehendes neu gestalten, reformieren, dem Fortschritt zuführen.

Die in der reinen Bogenmusterung ausgeprägten Eigenschaften Bedächtigkeit, Langsamkeit und Vorsicht erfahren im Tannenbogen gegenteilige Entsprechungen, die sich in oft voreiligen, explosiven Handlungen, im überstürzten, unberechenbaren Ausleben ausdrücken.

Der Tannenbogen versinnbildlicht intuitive, schöpferische, ja geniale Eingebungen, macht erfinderisch, freisinnig, originell, bringt plötzliche Ereignisse im Leben von totaler, elementarer Um- und Neugestaltung, gibt Gönnertum, Protektionen und verschafft Einblicke in höhere Dimensionen.
Im negativen Sinne können – oft übergangslos – unberechenbare, verbohrt-extreme Ideen überhandnehmen. Diese führen zu Neurosen, an Besessenheit grenzend, und im Bestreben, jegliche bestehende Ordnung zu ignorieren, zu schweren Rückschlägen, Verlusten, Entfremdungen, Trennungen, plötzlichen Unglücksfällen und, dadurch ausgelöst, letztlich zu Nervenzusammenbrüchen und Erkrankungen.
Das Tannenbogenmuster auf dem *Daumen* verführt zu Eigensinn und Fanatismus. Es bestehen Bestrebungen, durch Gewalt Umgestaltungen vorzunehmen. Auf dem *Jupiterfinger* bestehen reformerische, schöpferische bis genial ausgelegte Tendenzen. Vorteile durch Neuerungen sowie Wohlstand und Hilfen durch Protektionen sind angezeigt. Tannenbogenmusterung auf dem *Saturnfinger* prädestiniert zu Umsturzverlangen, Zerstörung des Alten, Hergebrachten. Die Tendenz geht weg von Tradition und bestehenden Formen. In diesem Bestreben liegt die Gefahr, aus innerer Verspanntheit und Unausgeglichenheit nervliche Zusammenbrüche zu provozieren. Das Tannenbogenmuster auf dem *Venusfinger* gibt die Neigung zur freien Liebe, zur Ungebundenheit, zu romantischen, unkonventionellen Lebensformen. Neuere Kunstrichtungen und Suchen nach zukünftigen Ausdrucksmöglichkeiten sind drängende Impulse. In der Negativaussage können pervertierte, gegen die üblichen Moralvorstellungen verstoßende Ambitionen angezeigt sein. Die Tannenbogenzeichnung auf dem *Merkurfinger* symbolisiert höchste Intuition, Gespür für die Ausbeutung von Erfindungen, Geldzuwachs aus geschäftlichen Unternehmungen, oft aus gesellschaftlichen Verbindungen. Im Negativbereich

können sich starke Nervenbelastungen und Psychosen auswirken.
Spatelform der Finger, in diesem Falle das Zusammenwirken der Planetenprinzipien Mars (= Widder), Sonne (= Löwe), Venus (= Stier) und Uranus (= Wassermann), bezogen auf die Tannenbogenmusterung, also Uranus (= Wassermann), sowie die Hausentsprechungen und die Auslegung in bezug auf die Qualitäten kardinal, fix und veränderlich ergeben bei der Daumenaussage (= Mars/Sonne) in dieser Kombination die fixierte, unabänderliche Vorstellungswelt, das Unerreichbare unter Einsatz starker Willensimpulse möglich zu machen.
Für den Jupiterfinger (= Jupiter/Schütze, neuntes Haus, veränderliches Feuer) ergibt sich in der Kombination mit der Spatelentsprechung und der Tannenbogenmusterung ein übersteigerter Freiheitsdrang und das Bestreben, zu neuen Gesellschaftsformen zu gelangen.
Im Saturnfinger (= Saturn/Steinbock, zehntes Haus, kardinale Erde), in Verbindung mit der Spatelaussage (also Mars/Widder, erstes Haus, kardinales Feuer; Sonne/Löwe, fünftes Haus, fixes Feuer; Venus/Stier, zweites Haus, fixe Erde; Uranus/Wassermann, elftes Haus, fixe Luft) und bezogen auf den Tannenbogen (= Uranus/Wassermann, elftes Haus, fixe Luft) ergeben sich in der Aussage Diskrepanzen. Es besteht einerseits das starke Verhaftetsein in der Materie, im Traditionellen, die Wirkung drängt jedoch zum Umsturz, zur Zerstörung, zum Kampf gegen Konvention und führt zu Erstarrungstendenzen im gesunden Daseinsempfinden.
Tannenbogenmuster und Spatelform auf dem Venusfinger (Venus/Waage, siebtes Haus, kardinale Luft) prädestinieren zur freien Liebe, führen zu exzentrischen, oft anormalen Gesellschaftsformen, die sich im auflehnenden, leidenschaftlichen Ausleben verwirklichen und der gleichzeitigen Auflösung anheimfallen.
Spatelentsprechung und Tannenbogen, bezogen auf den

Merkurfinger (Merkur/Zwilling, drittes Haus, veränderliche Luft), geben durchschlagende, intuitiv gesteuerte Willens- und Verstandeskraft, die im Geschäftlichen wie auch im Bereich der Erfindungen Wohlstand und damit materielle wie auch geistige Unabhängigkeit garantiert.
Die Aussagen bei eckiger wie auch konischer Formentsprechung, ausgelegt auf das Tannenbogenmuster und die Fingersymbolik, können im vorbezeichneten Sinne analog entwickelt werden.

Die Zwillingsschleife

Die Zwillingsschleife (Abbildung 104) symbolisiert Merkur-Zwilling-Charakter. In der veränderlichen Luftentsprechung liegt die Beweglichkeit und Anpassungsbereitschaft, die Vielseitigkeit und Beschwingtheit, aber auch Veränderlichkeit, Unausgeglichenheit, Gegensätzlichkeit, Veränderungsliebe, Zwiespältigkeit, Oberflächlichkeit, Leichtfertigkeit usw.
Die Zwillingsschleife verleiht ein heiteres, liebenswürdiges Naturell. Rhythmik und Bewegung, Wendigkeit, rasche Auffassung, gute Intelligenz, Diplomatie, Lerneifer, Verhandlungsgeschick und Geschäftstüchtigkeit sind hervorstechende positive Anlagen. Negativ wirken sich Haltlosigkeit, Zersplitterungstendenzen, Raffinesse, Neugierde, Lügenhaftigkeit, Unzuverlässigkeit usw. aus.
Das Zwillingsmuster auf dem *Daumen* gibt Scharfsinn und gute Verstandeskräfte. Negativ führt es zu Raffinesse und Unehrenhaftigkeit. Die Zeichnung auf dem *Jupiterfinger* kann in der Oppositionsentsprechung Schütze/Zwilling zu Spannungsfaktoren führen. Die Fähigkeit, wahrhaft zu glauben, ist herabgesetzt. Gleichzeitig können aber weltgewandte, gesellschaftliche Ambitionen angezeigt sein. Die Zwillingsschleife auf dem *Saturnfinger* bringt in positiver Bewertung Fleißimpulse, logische Denkvorgänge und Sachlichkeit. Ungünstige Momente können sich in Unbeständigkeit, verbun-

Abb. 104

den mit Hindernissen im Vorwärtskommen sowohl im beruflichen wie auch erfolgsmäßigen Lebensablauf, ergeben. Auf dem *Venusfinger* veranschaulicht die Zwillingsschleife ein sympathisches, freundliches Wesen. Sie gibt künstlerische Empfindungen und Talente, macht anpassungsfähig im Partnerschaftsbereich, verleitet aber gleichzeitig zu leichtlebigen Vergnügungen und neugierigen erotischen Eskapaden. Zwillingsschleife und Musterung auf dem *Merkurfinger* haben eine Übersteigerung der Entsprechungen zur Folge, die sich in dieser Kombination verstärkt auf den kommunikativen Bereich sowie auf geschäftliche Belange wie auch in bezug auf Rede, Schrift und Ausdruck konzentrieren.

Spatelform in Verbindung mit Zwillingsschleifenmusterung gibt verstärkte geistige Aktivität, Geschicklichkeit im praktischen Lebensbereich und die Möglichkeit der materiellen Nutzung der angezeigten Anlagen und Neigungen. Zwillingsschleife und eckige Auslegung der Fingerform prädestinieren zu logischen Denkvorgängen, geben gutes Gedächtnis und erlauben methodisches Angehen der Aufgabenstellungen. In der *konischen* Form bei Zwillingsschleifenmusterung manifestiert sich subtilstes Feingespür, inspiratives, phantasiebewegtes Vorstellungsvermögen im oft künstlerischen, schöpferischen Gestalten.

Abb. 105

Abb. 106

Das Ovarial

Das Ovarial (Abbildung 105) hat Venus-Waage-Entsprechung. In der Zeichnung, die das Harmonieempfinden des universellen Lebensprinzips zum Ausdruck bringt, liegt Streben nach Ausgleich, Sehnsucht nach allumfassender Liebe und Gleichgewicht. Menschen mit dieser Papillarmusterung legen Wert auf gute Manieren. Sie sind ästhetisch, feinfühlend, liebenswürdig. Sie lieben die Kunst, die Schönheit in den Formen, des Ausdrucks und des Stils. Sie verfügen meist über einen auserlesenen Geschmack, der sich im Äußeren in Kleidung, Wohnkultur usw. niederschlägt.

Negativpunkte in der Leistenmusterung des Ovarials liegen in leichter Beeinflußbarkeit, in herabgeminderten Willensäußerungen, im passiven Sichgehenlassen und Sichschicken in sogenannte »unvermeidliche« Lebensprozesse.

Das Ovarial auf dem *Daumen* veranschaulicht leidenschaftliche, stark sinnliche Gefühlsimpulse sowie gesundes Triebleben. Wohlstand kann angezeigt sein bei gleichzeitiger leichtfertiger Bereitschaft, sich durch das andere Geschlecht ausnutzen zu lassen. Die Zeichnung auf dem *Jupiterfinger* prädestiniert zur höchsten Herausstellung im Leben. Es ist ein glückhafter Aspekt, der Beliebtheit, großen Idealismus und Menschenfreundlichkeit symbolisiert. Ovarialmusterung auf

Abb. 107

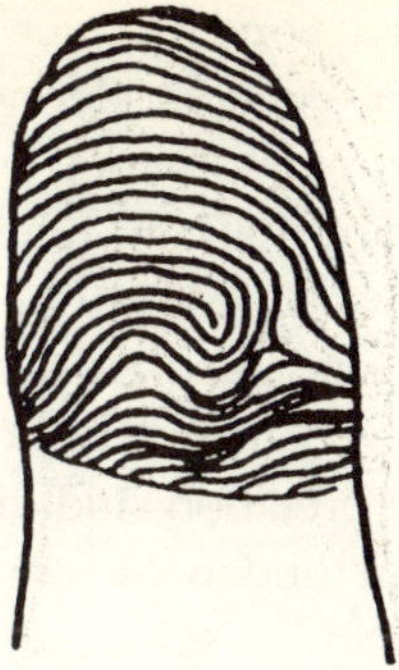

Abb. 108

dem *Saturnfinger* beeinflußt das Schicksal. Die Gefühle sind einerseits in Treue eingebunden, vermögen sich aber andererseits nicht im harmonieverbindenden Eingehen in einen unbeschwerten Du-Bezug auszuleben. Schwierigkeiten im Partnerschaftsbereich wie auch mit den Eltern sind angezeigt. Auf dem *Venusfinger* gelegen, zeigt sich das Ovarial in seiner reinsten, ureigensten Entsprechung. Harmonisierende Lebensgestimmtheit, künstlerische Ambitionen, Liebeserfülltheit und wohlwollendes, glückhaftes Daseinsempfinden sind Attribute dieser Papillarmusterung. Befindet sich das Ovarial auf dem *Merkurfinger*, so sind schöpferische, künstlerische Auswirkungsmöglichkeiten angezeigt. Talente im Umgang mit der Gesellschaft leben sich in der Bewußtheit aus, von den anderen anerkannt zu werden.

Kombinationen

Mit dem Ovarial sind die Fingermusterungen, die sich in den astrologischen Entsprechungen in reinster Form analysieren und ausdeuten lassen, abgeschlossen. In der Mannigfaltigkeit der Natur und der vielgestaltigen, kosmischen Daseinsformen finden sich in den Fingerleistenmustern weitergehende Formen fast ausschließlich als Zusammensetzungen der »reinen« Formen.

Diese seltenen Sonderformen weisen neben der Zentraltasche (Pfauenauge = ulnare oder radiale Schleife und eingeschlossener kreisförmiger Wirbel) ausschließlich Haubenmusterung auf (Abbildung 106). So finden wir das Haubenmuster über dem normalen Bogen (Abbildung 107), dem Tannenbogen, der ulnaren wie auch radialen Schleife, der Doppelschleife, dem Wirbel wie auch dem Doppelwirbel.
Bei der Interpretation sind die beschriebenen Aussagen der jeweils auftretenden Muster zu berücksichtigen. Weil die Kombinationen so selten auftreten und wegen der Verdoppelung der Aussage muß die Analyse sehr differenziert vorgenommen werden.

Die Handleistenmuster

Neben den vorbezeichneten Fingerleistenmustern zeichnen sich in der Handinnenfläche als Ergänzung bzw. Vervollständigung der Handentsprechungen Handleistenmuster ab. Sie bilden sich auf den verschiedenen Handbergen und gehen, wo sie sich zeigen, in der Deutungsaussage konform mit diesen Bergen, mit der Tendenz, daß in den Veranlagungen und Talenten eine Verstärkung, eine Ballung, zu verzeichnen ist, die dem Handeigner in diesem bzw. diesen Bereichen schwerpunktmäßig Ausdrucksmöglichkeiten einräumt.

Schlußwort

Das 1 x 1 der Handlesekunst erhebt nicht den Anspruch einer umfassenden Darstellung der chirologischen Gesetzmäßigkeiten. Das Buch soll vielmehr als »kleines« 1 x 1 aufgefaßt werden. Im Bereich der Deutungsaussagen entsprechen die gegebenen Informationen jedoch grundsätzlich den erforderlichen Bausteinen, die Daseinsgegebenheiten hinsichtlich Vergangenheit, Gegenwart, Zukunft, Talente und Fähigkeiten sowie charakterliche Anlagen veranschaulichen.
Daher wurden die Aussagebereiche der Einteilung der Hand, der vergleichenden chirologischen Betrachtungsweise in bezug auf Astrologie, Graphologie, Physiognomie sowie Psychologie, die Krankheitsbezeichnungen in der Hand sowie berufliche Aussagemöglichkeiten nur in Grundzügen besprochen.
Das Ausdrucksverhalten der Hand in beruflicher Hinsicht unterliegt zur Zeit noch eingehenden Forschungen und ausstehenden, umfassenden Ergebnissen aus der Erfahrung. Trotzdem ließen sich auf diesem Gebiet nicht nur »auf der Hand liegende« Informationen einem zufriedenstellenden Ergebnis zuführen.
In der Hoffnung, daß der Inhalt dem auf der Suche nach einer höheren, sinnverhafteten Lebensbewußtheit Befindlichen Wege zur Bewältigung der täglichen Aufgabenstellung vermittelt, soll nachstehende Schlußbetrachtung stehen:

Der Weise erkennt das Leben
als einen Entwicklungsprozeß,
der durch den Tod unterbrochen
und durch die Geburt
wieder fortgesetzt wird.

Helmut Gerhart

Literaturverzeichnis

N. Altman: *Die Praxis des Handlesens*, Knaur-Tb. 4166
H. Kurth: *Was deine Hände sagen*, München 1968
M. Lawrence: *Handanalyse*, München 1973
U. v. Mangoldt: *Schicksal in der Hand*, Knaur-Tb. 4104
Dies.: *Erkenne dich selbst im Bild deiner Hand*, Knaur-Tb. 4240
Dies.: *Zeichen des Schicksals im Bild der Hand*, Weilheim 1971
Dies. (Hg.): *Das große Buch der Hand*, München 1987
A. v. Prónay: *Horoskop und Handdeutung*, Rastatt 1989